CURSO IQ TRADING

MÓDULO 5

¿CÓMO USAR LA ESTADÍSTICA PARA LOGRAR UN TRADING RENTABLE?

TESTEOS Y TABLAS ESTADÍSTICAS PARA GANAR CON TU PLAN DE TRADING PENSANDO EN TERMINO DE PROBABILIDADES

Autor: Igor Quz

CURSO IQ TRADING

MÓDULO 5

¿CÓMO USAR LA ESTADÍSTICA PARA LOGRAR UN TRADING RENTABLE?

TESTEOS Y TABLAS ESTADÍSTICAS PARA GANAR CON TU PLAN DE TRADING PENSANDO EN TERMINO DE PROBABILIDADES

Autor: Igor Quz

Igor Quz   CURSO IQ TRADING MÓDULO 5

TÍTULO: *¿CÓMO USAR LA ESTADISTICA PARA LOGRAR UN TRADING RENTABLE?   SUBTÍTULO:*

TESTEOS Y TABLAS ESTADISTICAS PARA GANAR CON TU PLAN DE TRADING PENSANDO EN TERMINO DE PROBABILIDADES
- 1ª ed. - Buenos Aires: el autor, 2020

ISBN: 9798878641982
Sello: Independently published

1. Negocios y finanzas. I. Éxito personal – Negocios desde casa

Contacto: *edicionesiq@gmail.com* -

Fecha de catalogación: 05-09-2020

ADVERTENCIA DE RIESGO

El presente libro solo tiene fines educativos con el objetivo ayudar a mejorar el trading de los lectores enseñando como diseñar un plan de trading usando tablas y testeos de efectividad para alcanzar definitivamente la rentabilidad.

Las opciones binarias son una inversión de alto riesgo financiero pudiendo el Trader perder absolutamente todo su dinero por lo cual jamás deberías destinar dinero operando en real si no puedes darte el lujo de perder ese dinero.

Los resultados del trading del lector son exclusiva responsabilidad del mismo, tanto si gana como si pierde.

Nunca se debe utilizar dinero real para hacer trading sin diseñar previamente un *Plan de trading* basado en tablas y testeos con efectividad comprobada, contemplando todos los puntos importantes del mismo que se tratan en detalle en este libro.

Todo plan de trading debe contener reglas estrictas que deben ser seguidas con mucha disciplina para alcanzar la rentabilidad.

Dentro del plan debe contemplarse una estrategia de trading indicando puntos de entrada y de salida como así también reglas operativas.

Tanto el plan como la estrategia deben comprobarse en un gran número de operaciones sin usar dinero real, así teniendo en cuenta la efectividad de tu forma de operar puedes tomar la decisión o no de volcarte al trading con dinero real comenzando con un monto pequeño.

Todos estos pasos para descubrir si el trading con opciones binarias puede ser rentable para ti los tienes disponibles en este libro, y lo más importante es que puedes seguir estos pasos sin gastar un solo dólar.

En el trading no es tan importante tener un monto grande de dinero para comenzar a operar en real, sino dedicar tiempo previamente para armar tu propio plan, probar tu estrategia y ponderar como ***primer meta operar para no perder*** y como ***segunda meta ir incrementando poco a poco el capital inicial*** sin arriesgar la cuenta, osea limitando siempre las pérdidas.

"No pongas un solo dólar en una cuenta real si no dedicas tiempo a probar la efectividad de tu plan y tu estrategia de trading siguiendo la guía paso a paso de este libro. Una vez que demuestres ganar con consistencia en una cuenta demo puedes tomar la decisión personal de volcarte o no al trading con dinero real"

AGRADECIMIENTOS

Cuando decidí escribir este curso de Trading me di cuenta que no podía resumirse a un solo libro ya que los agujeros donde se puede perder dinero en el Trading son muchos y hay que dominarlos a la perfección para evitar perder y ganar más.

El gran secreto para ganar en el Trading es *"evitar perder"*, porque solo manteniendo viva la cuenta existe posibilidad de crecer.

Una cuenta de Trading que se vacía es un fracaso total ya que denota que no se uso un plan de Trading, no se pautaron o respetaron las reglas, no se utilizo una excelente gestión monetaria o tan solo se fallo en uno de estos puntos claves.

Realmente me siento muy agradecido de que haya lectores como tú que busquen informarse acerca de los puntos clave que pueden llevarte a tener grandes pérdidas, ese interés denota que estas bien orientado hacia la rentabilidad ya que para ganar y alcanzar la rentabilidad es absolutamente necesario cuidar y proteger tu cuenta de Trading, si logras proteger y mantener tu cuenta, invariablemente con una buena estrategia a mediano plazo conseguirás obtener ganancias.

El mayor problema de los Traders que pierden es que piensan el Trading en función de ganar dinero rápido en lugar de proteger y cuidar la cuenta para ganar dinero paso a paso y con seguridad.

Este libro te da las orientaciones para que selecciones las mejores decisiones de Trading para cuidar tu dinero en la cuenta de Trading.

Espero que tomes todas las referencias de este libro para mejorar tus resultados, principalmente en lo referente al cuidado del capital de la cuenta y crecimiento paso a paso ya que ese es el camino firme hacia el éxito y la rentabilidad.

Ganar o perder en el Trading es una cuestión de probabilidad.

Todos los aspectos importantes del trading deben pensarse en términos de probabilidades ya que esa es la forma de ganar.

Un Trader que analiza sus posibilidades de ganar y opera guiándose en las mayores probabilidades de ganar tiene mayor posibilidad de tener éxito.

Pensar en termino de probabilidades significa asumir la responsabilidad de no dejar los resultados de nuestro Trading al azar, porque si bien es cierto que el Trading es un escenario de incertidumbre esto no significa necesariamente que ganar o perder sea una cuestión de suerte.

La incertidumbre del Trading debe ser controlada eficientemente, es por ese motivo que este libro dedica varias tablas y test para corroborar el control sobre puntos clave del trading.

¿Cómo usar las probabilidades para ganar?

- Si el mercado está en una clara tendencia bajista tenemos mayor probabilidad de ganar una operación putt o baja.
- Si operamos en un mercado lateral tenemos mayor probabilidad de ganar abriendo operaciones sube en los soportes o por el contrario abriendo posiciones baja en las resistencias.
- Si usamos el 1% por operación en forma estricta con una buena estrategia es prácticamente imposible vaciar una cuenta de 200 dólares en adelante.
- Si detectamos alguna variable donde tenemos mejores resultados simplemente debemos considerar operar bajo dicha variable
- Si por el contrario detectamos alguna variable donde tenemos malos resultados debemos considerar no operar nunca bajo dicha variable.

Las tablas y testeos de nuestro plan de trading tienen como objetivo detectar las probabilidades de ganar en los puntos clave de nuestro plan de Trading y hacer modificaciones para lograr mejores resultados de nuestro plan y estrategias de Trading.

TABLA DE CONTENIDO

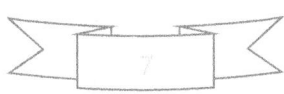

CAPÍTULO 1:

¿CÓMO Y POR QUÉ USAR LA ESTADISTICA PARA ARMAR UN PLAN DE TRADING RENTABLE?

Nadie sabe lo que va a suceder mañana, en la siguiente hora o en los próximos cinco minutos, la vida es un escenario de incertidumbre.

El Trading es exactamente igual, tú puedes abrir una operación seleccionando un tiempo de expiración y no saber cuál será su resultado hasta que la operación termina.

El gran problema que surge a la hora de hacer Trading es que todos los Traders que pierden más de lo que ganan, no tienen en cuenta que el trading es un escenario de incertidumbre donde cualquier cosa puede suceder: se puede ganar y se puede perder y no sabremos cuales serán esos resultados ni el orden de los mismos hasta que estos sucedan.

¿COMO MANEJAR LA INCERTIDUMBRE EN EL TRADING?

Nosotros no tenemos la certeza de lo que sucederá en el futuro, sin embargo podemos especular con la probabilidad de que algo suceda o no, por ejemplo si quisiéramos salir fuera de casa no tenemos la certeza de que va a llover, pero podemos observar las condiciones y preparar los siguientes elementos ante un escenario de incertidumbre:

- ¿Está nublado?
- ¿Hay humedad?
- ¿Anuncian lluvias según el pronóstico del tiempo?
- ¿Llevo ropa impermeable?
- ¿Llevo paraguas?
- ¿Llevo botas?
- ¿El lugar al que voy se suele inundar?

Estar preparados para un escenario de incertidumbre es la clave para pasarla lo mejor posible ante lo que no sabemos qué va a suceder.

En el Trading pasa exactamente lo mismo y debemos tener en cuenta muchos aspectos para potenciar exponencialmente nuestras ganancias cuando ganamos y reducir nuestras pérdidas cuando perdemos:

- *¿Cuál es nuestro plan de Trading que usamos para operar?*
- *¿Cuáles son las reglas de nuestro plan?*
- *¿Cuáles son nuestros mejores horarios para operar?*
- *¿Qué estrategia vamos a utilizar?*
- *¿Cuál es la esperanza matemática de nuestra estrategia?*
- *¿Cuál es efectividad de nuestra estrategia comprobada según la ley de los grandes números?*
- *¿Con que beneficios vamos a operar?*
- *¿Nos conviene operar en mercados volátiles?*
- *¿Nos conviene operar en mercados estáticos?*
- *¿Cuáles serán nuestras señales de entrada a una operación?*
- *¿Cuáles serán nuestras señales de salida de una operación?*
- *¿Cómo operamos en mercados en tendencia?*
- *¿Cómo operamos en mercados laterales?*
- *¿Cómo gestionamos el riesgo?*
- *¿Cómo gestionamos el capital?*
- *¿Qué porcentaje por operación utilizamos?*
- *¿Cómo manejamos las emociones al operar?*
- *¿En qué condiciones vamos a operar?*
- *¿En qué condiciones no vamos a operar?*
- *¿Con que dispositivo operamos mejor?*
- *¿Qué velocidad de internet necesito para operar?*
- *¿Cómo establecer metas razonables?*
- *¿Cómo establecer stop de pérdidas razonables?*
- *¿Cómo establecer stop de ganancias razonables?*
- *¿Cómo establecer un plan de retiro de beneficios efectivo?*

Todos estos puntos son vitales para manejarse en un entorno de incertidumbre como es el Trading y para conocerlos a fondo debemos utilizar la estadística.

¿QUE ES Y CÓMO USAR LA ESTADISTICA AL DISEÑAR NUESTRO PLAN DE TRADING?

La estadística es la ciencia que estudia los resultados numéricos a fin de determinar la probabilidad de que algo suceda o no.

Para alcanzar la rentabilidad en el Trading es necesario usar la estadística de nuestros resultados en las operaciones y determinar nuestros mejores momentos o condiciones para operar.

Por ejemplo: Si anotamos nuestras operaciones y detectamos la efectividad por horario como indica el siguiente cuadro:

FRANJA HORARIA	EFECTIVIDAD PORCENTUAL
8:00 A 9:00 AM	45%
9:00 A 10:00 AM	48%
10:00 A 11:00 AM	58%
11:00 A 12:00 AM	51%
12:00 A 13:00 PM	55%
13:00 A 14:00 PM	54%
14:00 A 15:00 PM	53%
15:00 A 16:00 PM	60%
16:00 A 17:00 PM	48%
17:00 A 18:00 PM	53%
18:00 A 19:00 PM	52%
19:00 A 20:00 PM	49%
20:00 A 21:00 PM	46%
21:00 A 22:00 PM	44%
22:00 A 23:00 PM	45%
23:00 A 24:00 PM	46%

Si verificamos la estadística de nuestras operaciones por horario como en el cuadro de arriba podemos determinar en qué horarios tenemos mayor efectividad en nuestras operaciones.

- *Como podemos observar en el cuadro hay dos franjas horarias donde tenemos mayor efectividad en nuestras operaciones que son de 10 a 11 AM (58%) y de 15 a 16 PM (60%), estos horarios serian los recomendados para operar.*

- *Por otro lado podemos determinar las franjas horarias con menos del 54% de efectividad donde no operaríamos.*

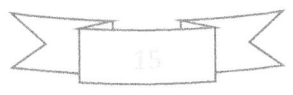

Vamos con otro ejemplo de estadística en el Trading:

Si verificamos la efectividad de nuestra estrategia y calculamos que cada 10.000 operaciones tenemos un 55% de efectividad, podemos determinar que estadísticamente cada 100 operaciones vamos a obtener 55 aciertos y 45 fallos.

- *Sin embargo jamás sabremos el orden de esos resultados por lo que nos puede pasar de obtener en las primeras 100 operaciones números muy distintos a esos (55% de aciertos 45% de fallos), sin embargo sabemos que estadísticamente en muchas operaciones los números no van a ser dispares y se van a acercar a los porcentajes reales que obtuvimos al comprobar la estrategia en un gran número de operaciones (10.000).*
- *Usar muchas operaciones acerca a los resultados reales, esto en matemática se conoce como la ley de los grandes números, si tu tiras una moneda al aire 10 veces los resultados para cara o seca serán muy dispares, si tiras 100 veces también serán dispares pero estadísticamente se acercaran más al 50% por opción. Sin embargo si tiras la moneda 10.000 veces al aire tienes la certeza de que los resultados se acercaran muchísimo al 50% por opción.*
- *Lo mismo sucede con nuestras estrategias con efectividad ya verificada, si las usamos unas pocas veces los resultados porcentuales van a ser muy diversos, pero si las utilizamos en un gran número de veces los resultados porcentuales se van a acercar a nuestra efectividad comprobada con dicha estrategia.*
- *Por lo tanto si tenemos una estrategia efectiva comprobada la forma de ganar en el trading es hacer muchas operaciones con poco capital, por ejemplo 1% de la cuenta por operación.*
- *Un error estadístico que cometen los Traders que vacían sus cuentas una y otra vez, es que tienen una estrategia efectiva pero realizan pocas operaciones con mucho capital y como no saben el orden de los resultados terminan perdiendo todo inevitablemente. La clave es dar tiempo a una estrategia efectiva con muchas operaciones para que esta sea rentable.*

¿COMO USAR TABLAS Y TESTEOS EN NUESTRO PLAN DE TRADING?

Este libro está compuesto por numerosas tablas y testeos para demostrar estadísticamente cuales serán nuestras mejores elecciones a la hora de hacer Trading.

Las **_tablas_** reflejan estadísticas ya calculadas para simplemente consultar y comparar en base a tus propios resultados si los mismos sirven para lograr la rentabilidad.

Los **_testeos_** sirven para analizar con preguntas puntuales como elaborar los puntos clave de un plan de trading rentable y efectivo.

TE RECOMIENDO NUESTRO LANZAMIENTO DE AMAZON

CAPÍTULO 2

TESTEOS DE EFECTIVIDAD DE LOS FUNDAMENTOS DEL PLAN DE TRADING

Los testeos efectivos de los fundamentos para hacer Trading son un análisis minucioso y detallado de los motivos que pueden llevar a una persona a elegir al Trading como una posible alternativa de inversión o descartarla del todo si no se consiguen resultados positivos.

SOLO GANAR DINERO

Mucha gente se vuelca al Trading solo con la intención de ganar dinero pero consiguen exactamente lo contrario porque terminan operando por emociones y no razonando en término de probabilidades.

Una persona que opera por emociones tiene sentimientos encontrados y tanto el miedo como la ambición desmedida los llevan a tomar malas decisiones.

¿Qué sentido tiene intentar ganar dinero por emociones en el Trading cuando hay miles de alternativas más efectivas y económicas?

Si no tomas el Trading en forma profesional de seguro vas a perder, fondear una cuenta de trading en dólares o Euros puede costarte hasta el doble del valor en la moneda local de tu país por lo que si usas el trading como un juego de azar te recomiendo que elijas una opción local más económica como el casino apostando a rojo o negro en la ruleta y sepas al menos que usaras el mismo valor al comprar fichas y no gastaras dinero de más.

El problema con las personas que entran al trading solo con la intención de ganar dinero es que para ganar en el trading es necesario aprender a leer la acción del precio y ocuparse en operar cada vez mejor, usando un plan de Trading y una excelente gestión monetaria

Un error común de todos los Traders que suelen perder en el trading es que cambian el porcentaje de capital con el que operan cuando una regla fundamental para proteger la cuenta de pérdidas es usar siempre un porcentaje pequeño por cada operación que según muchos autores no debe ser mayor al 1% o 2% del capital por operación, en mi caso recomiendo siempre usar el 1% por operación ya que disminuye el riesgo significativamente. Una cuenta de 200 dólares donde se hacen operaciones estrictamente con el 1% del capital por operación necesita de 166 operaciones perdidas en forma consecutiva para ser vaciada.

El trading no es un juego de azar y tiene la enorme ventaja de los datos históricos de las cotizaciones de los instrumentos financieros que forman patrones de movimiento del precio que si bien no son 100% efectivos tienen una alta probabilidad de cumplirse y llevarnos a ganar en nuestras operaciones. Debido a que dependiendo del país en el que vivas el fondeo de la cuenta es muy costoso mi recomendación es iniciar con un plan de trading con una cuenta pequeña cuidándola minuciosamente ya que a mediano plazo te puede generar ganancias exponenciales. Depositar 100 o 200 dólares es un numero aceptable para empezar un plan de Trading, ya que no tiene ningún sentido depositar 5000 dólares y que en tu moneda local ese depósito te signifiquen valores cercanos al doble, estarías perdiendo muchísimo con grandes depósitos.

UN POSIBLE CAMINO A LA LIBERTAD FINANCIERA

Hay personas que creen que el trading es un camino hacia la libertad financiera y por cierto es un excelente recurso, pero no es para todos ya que se requieren numerosas aptitudes y disciplina que no todas las personas tienen. Mi recomendación es que antes de operar con dinero real es necesario armar un plan de Trading con una excelente gestión monetaria, encontrar una estrategia efectiva (que gane más veces que las que se pierde) y probarla en backtesting o en demo un gran número de veces, al menos 2000 operaciones.

- *¿Tienes tu propio plan de Trading?*
- *¿Tienes una estrategia con esperanza matemática positiva comprobada?*
- *¿Tienes un excelente plan de gestión monetaria?*
- *¿Haz comprobado la efectividad de tu plan y estrategia?*

Si en una cuenta demo sin gastar dinero real puedes usar tu estrategia con una estricta disciplina centrada en tu propio plan de Trading y alcanzar la rentabilidad sin vaciar la cuenta puedes tomar la decisión personal de volcarte al trading con dinero real con una pequeña cuenta, los mismos resultados que vayas obteniendo te darán la respuesta sobre si el trading puede ser para ti un posible camino hacia la libertad financiera.

APRENDER TRADING ES CASI GRATIS

Si tú quisieras estudiar cualquier carrera tendrías innumerables costos económicos, dependiendo de la carrera que se elija puede haber costos altísimos:

- Materiales
- Apuntes
- Libros
- Cuotas
- Transporte
- Comida
- Tiempo

La gran ventaja del trading es que su aprendizaje no tiene grandes costos ya que a mi entender solo se necesita la lectura del material adecuado como este curso y tener acceso a un dispositivo con conexión a internet para dedicar un poco de tiempo diario a aprender a hacer trading.

¿Cuánto cuesta estudiar una carrera en tu país?
¿Cuánto cuesta estudiar la carrera que te gusta en tu país?
¿Crees que puede ser una buena opción estudiar la carrera que te gusta y aprender a hacer trading adicionalmente?
¿Dedicarías una hora de tu tiempo diario para aprender trading?
¿Crees que el Trading puede ser una buena alternativa adicional a aprender, aparte de tus actividades cotidianas?
¿Dispones de un dispositivo con conexión a internet para aprender trading al menos una hora por día?
Si comparas otros estudios que haz realizado anteriormente ¿Crees que el Trading es una opción económica para aprender?

UNA ALTERNATIVA DISPONIBLE AUN EN CUARENTENA

Cuando llego la cuarentena a causa del Covid 19 lamentablemente miles de personas quedaron desempleadas, mientras los menos desafortunados tuvieron algunos problemas de ingresos.

Sin embargo hubo una actividad que creció en cuarentena en forma abismal que es el Trading, de hecho los Traders rentables seguimos ganando como si nada hubiera pasado alrededor del mundo.

Aprender Trading adicionalmente a tus actividades cotidianas te da una gran cantidad de ventajas que van más allá del dinero:

- *¿Cuántas actividades conoces que hayan crecido en esta cuarentena?*
- *¿Te gustaría aprender una alternativa de inversión disponible aun en momentos de incertidumbre como una pandemia global?*
- *¿Crees que es beneficioso tener conocimiento de Trading para trabajar desde tu casa y evitar salir a trabajar en un contexto de pandemia?*

EL TRADING NO DISCRIMINA

Qué triste es ver como alrededor del mundo hay miles de ofertas laborales exclusivas para ciertos grupos pero que son inaccesibles para otros. Muchas personas tienen serios problemas a la hora de conseguir empleo por la edad, por la estética, por su raza, condición física, estado de peso y demás.

La gran ventaja del Trading es que es una alternativa disponible para todos sin ningún tipo de restricción.

- *¿Te han rechazado de un trabajo por algún motivo?*
- *¿Haz sido despedido/a de un trabajo por algún hecho que roce con la discriminación?*
- *¿No crees que al aceptar a todos por igual el Trading es una excelente alternativa de inversión?*

Cualquier persona alrededor del mundo puede abrir una cuenta y hacer Trading, las restricciones solo pueden venir por las normativas de cada país, aunque la gran mayoría no presentan problemas aunque se debe saber previamente las leyes respectivas que aplican a cada uno.

UN TRABAJO PARA QUIEN QUIERA TOMARLO

Ningún trabajo es algo seguro, nadie tiene la seguridad de cuánto tiempo le durara su propio empleo.

Sin embargo el Trading puede tomarse como un trabajo extra donde cada uno elije si usarlo o no.

- *¿Crees conveniente aprender Trading a fin de considerarlo un trabajo y fuente de ingreso extra?*
- *¿Te gustaría saber hacer Trading para tener una alternativa en caso de quedar sin trabajo?*

NO IMPORTA SI ERES HOMBRE O MUJER

Muchas veces las mujeres u hombres no tienen la posibilidad de acceder a ciertos trabajos que son considerados adecuados para el sexo contrario. De hecho muchas mujeres tienen problemas para conseguir empleos e incluso muchas veces les pagan mucho menos por hacer la misma actividad que realiza un hombre.

Por otro lado existen muchas personas que les cuesta conseguir empleo porque son seriamente discriminadas por su identidad sexual.

- *¿Haz sufrido algún tipo de discriminación laboral por tu sexo?*
- *¿Te gustaría aprender una actividad donde se brinden las mismas oportunidades y riesgos a todos sin importar el sexo?*

NO IMPORTA SI ERES RICO O SI ERES POBRE

Existe el falso concepto que las inversiones son para los ricos y que se necesita un gran capital para generar dinero. En este libro podrás ver como con una pequeña cuenta cualquier persona puede hacer una pequeña fortuna en poco tiempo.

- *¿Te gustaría aprender una actividad donde con poco capital puedas generar ganancias exponenciales en poco tiempo?*
- *¿Crees que la riqueza de una persona se mide por lo que tiene o por la riqueza de las ideas que tiene?*
- *¿Haz sido excluido alguna vez de una actividad por no tener suficiente dinero?*
- *¿Te crees capaz de administrar una pequeña cuenta y ganar?*

NO IMPORTA TU RELIGION NI TU RAZA

Cuantas veces las personas son excluidas de actividades laborales por su raza o su religión, en muchos países la discriminación por estos dos factores genera numerosos conflictos y situaciones desagradables de violencia.

En el Trading esto no pasa ya que al abrir una cuenta no se tienen en cuenta esos datos.

- *¿Haz sufrido algún tipo de discriminación laboral por tu raza o religión?*
- *¿Haz sufrido pérdidas financieras por tu raza o religión?*
- *¿Te gustaría aprender una actividad donde los resultados no dependan ni de tu raza ni de tu religión?*

NO IMPORTA SI TIENES CAPACIDADES DIFERENTES

Muchas personas alrededor del mundo tienen capacidades diferentes por las cuales se les dificulta conseguir un trabajo.

Personas con discapacidades físicas, problemas leves de visión, sordos e incluso problemas mentales leves pueden llegar a aprender a hacer Trading, cada caso es distinto y debe ser analizado en detalle.

El Trading es una excelente alternativa para las personas que tienen capacidades diferentes y tienen uso de razón para entender como operar.

- *¿Haz sido discriminado en el ámbito laboral por tener capacidades diferentes?*
- *¿Haz perdido tu empleo por algún tipo de discapacidad?*
- *¿Te gustaría aprender una alternativa de inversión disponible incluso para las personas con capacidades diferentes?*

SER TU PROPIO JEFE

Cuantas personas les gustaría no tener jefe o mejor aun ser su propio jefe y no tener que depender de nadie.

- *¿Tienes problemas con tu jefe actual?*
- *¿Te gustaría aprender una actividad donde tú fueras tu propio jefe y no dependas de nadie?*
- *¿Te gustaría ser independiente?*

MANEJAR Y ORGANIZAR TUS TIEMPOS

Muchas personas dedican muchas horas al día al trabajo porque el dinero no alcanza, descansan mal y dedican poco tiempo a la familia por lo que se generan muchos problemas.

La ventaja del trading es que tu puedes organizar tus tiempos y no es necesario dedicar mucho tiempo al día ya que quienes más tiempo se exponen a los mercados terminan perdiendo, por l cual es razonable dedicar solo una hora al día aproximadamente.

- *¿Dedicas mucho tiempo diario a tus actividades laborales porque el dinero no alcanza?*
- *¿Te gustaría aprender una actividad extra a tu trabajo que genere ingresos adicionales usando solo una hora al día?*
- *¿Te gustaría ganar más usando menos tiempo?*

EL TRADING PUEDE GENERAR APTITUD, CONDUCTA Y DISCIPLINA

El trading requiere de ciertas aptitudes para alcanzar la rentabilidad.

El trading es una de las pocas actividades donde no hay reglas pero cada uno debe crear sus propias reglas para triunfar.

- *Debes aprender a planificar para alcanzar tus objetivos*
- *Debes diseñar tu propio plan de trading*
- *Debes crear las reglas de tu plan*
- *Debes encontrar tu estrategia rentable y comprobarla*
- *Debes comprobar tu plan y estrategia en backtesting*
- *Debes usar una excelente gestión monetaria y de riesgos*
- *Debes aprender a controlar tus emociones al ganar y al perder*
- *Debes mantener una estricta disciplina para seguir tu plan de Trading y alcanzar la rentabilidad*

¿Cuántas actividades conoces que requieran tantas aptitudes para triunfar?

¿Crees que las mismas aptitudes necesarias para triunfar en el trading pueden servirte para tu vida cotidiana?

Conclusiones:

Como podemos ver del análisis de fundamentos el Trading presenta una gran cantidad de ventajas sobre cualquier trabajo convencional.

Pero hay que tener en cuenta:

"El Trading no es fácil"

Una gran mayoría de inversores minoristas pierden dinero en el trading, por operar sin un plan de trading o no aplicar una estricta gestión monetaria que proteja sus cuentas en las rachas negativas.

La gran ventaja que tienes tú es que tienes en tus manos este libro para diseñar un plan de Trading rentable sin dejar vacios ni detalles al azar por lo que si sigues esta guía práctica podrás alcanzar la rentabilidad con mayor probabilidad de éxito.

Accede a la nueva Guia para diseñar un plan de Trading rentable:

CAPÍTULO 3

TESTEOS Y TABLAS PARA LA EFECTIVIDAD DE METAS, STOP LOSS Y STOP WIN

Uno de los problemas frecuentes que lleva al fracaso y la pérdida de dinero en el Trading es no establecer metas razonables o cumplibles en el tiempo.

GUÍA PASO A PASO PARA PLANTEAR METAS COHERENTES DENTRO DEL PLAN DE TRADING

Para elaborar metas razonables dentro de nuestro plan de trading es necesario seguir una serie de pasos saludables hacia la rentabilidad.

Paso 1: Prediseñar nuestro Plan de Trading, estableciendo las reglas para operar, gestión monetaria y del riesgo, gestión psicológica que vamos a usar con disciplina en backtesting o en cuenta demo.

Paso 2: Comprobar nuestra estrategia y pre diseño del plan de trading un considerable número de veces en backtesting (nos sirve para ganar tiempo) o en una cuenta demo, cuando digo un considerable número de veces me refiero a un mínimo de 2000 operaciones y un máximo de 10000 operaciones. En backtesting se puede recortar considerablemente el tiempo ya que se opera con datos históricos del pasado mientras que en una cuenta demo se puede llegar a hacer entre 60-70 operaciones diarias (1 Hora y 10 minutos diarios) consiguiendo comprobar la efectividad de nuestra estrategia en un mes, con un número importante de operaciones.

Cabe aclarar que para buscar una estrategia los beneficios deben ser al menos del 87%, de lo contrario la rentabilidad dependerá mucho de un altísimo porcentaje de aciertos que muy pocos Traders llegan a lograr.

Nuestra estrategia y pre diseño del plan de Trading debe ser registrada en un diario de Trading a fin de detectar posibles errores y

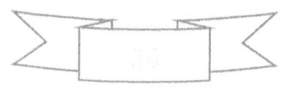

corregirlos a fin de mejorar nuestra forma de operar y tener un mayor porcentaje de aciertos.

Paso 3: Determinar cuál es el porcentaje de aciertos de nuestra estrategia a fin de establecer las metas y stop de pérdidas y ganancias en nuestro plan de trading.

En este paso también debemos tener en cuenta cual es el tiempo que nosotros consideramos adecuado para operar lo mejor posible, manteniendo la disciplina, siguiendo las reglas del plan.

Operar un total de una hora u hora y quince minutos puede ser un tiempo razonable que no necesariamente se debe usar todo junto, sino sumados en 2 o 3 sesiones diarias de trading.

Vamos a un ejemplo real:

Un Trader comprueba su estrategia operando 90 sesiones de 24 operaciones de trading cada una o 72 operaciones diarias usando un 1% del capital en cada operación en un mes.

¿CÓMO ESTABLECER METAS DIARIAS RAZONABLES?

La forma de establecer metas razonables es siguiendo la estadística de los resultados de nuestra estrategia anotando el porcentaje obtenido en cada sesión de Trading:

RESULTADOS SEMANA 1						
DÍA 1	SESION 1	5%	SESION 2	2.1%	SESION 3	0.3%
DÍA 2	SESION 1	3.3%	SESION 2	1.9%	SESION 3	0.7%
DÍA 3	SESION 1	-4%	SESION 2	-6%	SESION 3	-4.6%
DÍA 4	SESION 1	-2.6%	SESION 2	3.8%	SESION 3	3.2%
DÍA 5	SESION 1	1.3%	SESION 2	4.2%	SESION 3	2%
DÍA 6	SESION 1	0.5%	SESION 2	2.3%	SESION 3	2.9%
DÍA 7	SESION 1	4.1%	SESION 2	1.5%	SESION 3	1%
Totales	Sesiones 1	10.2%	Sesiones 2	9,8%	Sesiones 3	10.1
PROMEDIO PORCENTUAL X SESIÓN:30.1% / 21 sesiones: 1.43%						
PROMEDIO PORCENTUAL DIARIO: 1,43% X 3 Sesiones = 4.29%						
PROMEDIO SEMANAL: 30,1% (La suma de todos los resultados)						

- *En cada columna se suma el total de resultados obtenidos por sesiones de trading día por día. Por ejemplo los totales de sesiones 1 son la suma y restas de los 7 días de la semana: 5%+3.3%-4% - 2.6% +1.3% +0.5% +4.1% es igual a 10.2%.*
- *El cálculo de promedio por sesión se saca sumando todos los resultados obtenidos en las 21 sesiones de Trading y dividiéndolo sobre el total de sesiones (30.1% / 21 sesiones nos da un total de 1.43% promedio por cada sesión de Trading).*
- *El promedio porcentual diario es igual al promedio porcentual por sesión multiplicado por las tres sesiones de trading diarias, en este caso 1.43% x 3 es igual a 4.29%.*
- *El promedio porcentual semanal es la suma de todos los resultados de las sesiones de Trading de toda la semana.*

RESULTADOS SEMANA 2						
DÍA 1	SESION 1	2.5%	SESION 2	-0.7%	SESION 3	3.06%
DÍA 2	SESION 1	-1.9%	SESION 2	-2.3%	SESION 3	-1.5%
DÍA 3	SESION 1	3.5%	SESION 2	3.2%	SESION 3	-1.3%
DÍA 4	SESION 1	-2.3%	SESION 2	3.7%	SESION 3	3.4%
DÍA 5	SESION 1	3.2%	SESION 2	2.1%	SESION 3	1%
DÍA 6	SESION 1	-3%	SESION 2	-1.6%	SESION 3	-2.7%
DÍA 7	SESION 1	4%	SESION 2	1.7%	SESION 3	4.3%
Totales	Sesiones 1	5%	Sesiones 2	6.1%	Sesiones 3	6.26%
PROMEDIO PORCENTUAL POR SESIÓN:17.36%/21 = 0.82%						
PROMEDIO PORCENTUAL DIARIO:0.82% x 3 Sesiones =2.46%						
PROMEDIO SEMANAL: 17,36% (Suma de todas las sesiones)						

RESULTADOS SEMANA 3						
DÍA 1	SESION 1	2.3%	SESION 2	-3.5%	SESION 3	1.06%
DÍA 2	SESION 1	-1.7%	SESION 2	-1.5%	SESION 3	-1.3%
DÍA 3	SESION 1	1.5%	SESION 2	2.3%	SESION 3	3.5%
DÍA 4	SESION 1	-0.9%	SESION 2	-0.8%	SESION 3	-0.8%
DÍA 5	SESION 1	2.1%	SESION 2	4.1%	SESION 3	-2.1%
DÍA 6	SESION 1	-2%	SESION 2	1.03%	SESION 3	2.7%
DÍA 7	SESION 1	3%	SESION 2	3.2%	SESION 3	3.6%
Totales	Sesiones 1	4.3%	Sesiones 2	4.83%	Sesiones 3	6.66%
PROMEDIO PORCENTUAL POR SESIÓN:15.79%/21=0.75%						
PROMEDIO PORCENTUAL DIARIO:0.75% x 3sesiones =2.25%						
PROMEDIO SEMANAL:15.79% (Suma de todas las sesiones)						

RESULTADOS SEMANA 4						
DÍA 1	SESION 1	2.3%	SESION 2	2.8%	SESION 3	-6%
DÍA 2	SESION 1	3.1%	SESION 2	-1.4%	SESION 3	2%
DÍA 3	SESION 1	3.05%	SESION 2	-1.5%	SESION 3	1.3%
DÍA 4	SESION 1	-2.4%	SESION 2	3.2%	SESION 3	3%
DÍA 5	SESION 1	-1.7%	SESION 2	4.3%	SESION 3	2.6%
DÍA 6	SESION 1	1.09%	SESION 2	2.08%	SESION 3	2.03%
DÍA 7	SESION 1	0.9%	SESION 2	0.75%	SESION 3	1.6%
Totales	Sesiones 1	6.34%	Sesiones 2	10.23%	Sesiones 3	6.53%
PROMEDIO PORCENTUAL POR SESIÓN:23.1%/21=1.1%						
PROMEDIO PORCENTUAL DIARIO:1.1% x 3 sesiones = 3.3%						
PROMEDIO SEMANAL:23.1%						

CALCULO DE METAS RAZONABLES

Para calcular metas razonables simplemente hay que sacar cuentas recolectando los datos obtenidos de nuestro sistema de trading.

Promedio porcentual por sesión: Se deben sumar los promedios porcentuales por sesión de las cuatro semanas y luego dividirlo por cuatro.

PROMEDIO PORCENTUAL POR SESIÓN SEMANA 1	1.43%
PROMEDIO PORCENTUAL POR SESIÓN SEMANA 2	0.82%
PROMEDIO PORCENTUAL POR SESIÓN SEMANA 3	0.75%
PROMEDIO PORCENTUAL POR SESIÓN SEMANA 4	1.1%
TOTALES	4.1%
META RAZONABLE POR SESIÓN 4.1%/4 SEMANAS =	1.02%

Promedio porcentual diario: Se deben sumar los promedios porcentuales diarios de las cuatro semanas y luego dividirlo en 4 (semanas)

PROMEDIO PORCENTUAL DIARIO SEMANA 1	4.29%
PROMEDIO PORCENTUAL DIARIO SEMANA 2	2.46%
PROMEDIO PORCENTUAL DIARIO SEMANA 3	2.25%
PROMEDIO PORCENTUAL DIARIO SEMANA 4	3.3%
TOTALES	12.3%
METAS RAZONABLES DIARIAS 12.3%/4 SEMANAS =	3.07%

Promedio porcentual semanal: Se obtiene sumando los resultados porcentuales de las cuatro semanas y dividiendo luego ese total en 4 semanas.

PROMEDIO PORCENTUAL SEMANA 1	30.1%
PROMEDIO PORCENTUAL SEMANA 2	17.36%
PROMEDIO PORCENTUAL SEMANA 3	15.79%
PROMEDIO PORCENTUAL SEMANA 4	23.1%
TOTALES	86.35%
META RAZONABLE POR SEMANA 86.35% DIVIDIDO 4 SEMANAS = 21.58% POR SEMANA	

METAS CALCULADAS

METAS RAZONABLES POR SESIÓN DE TRADING	1.02%
META DIARIA RAZONABLE	3.07%
META RAZONABLE SEMANAL	21.58%

- *Las metas razonables nos sirven para identificar objetivos que podemos llegar a cumplir ya que en promedio al testear nuestra estrategia y plan de Trading son números estadísticos a los que llegamos habitualmente sin problema alguno.*
- *Plantear metas razonables es importante ya que por ejemplo si sabemos que por sesión obtenemos un 1.02% seria irrazonable hacer trading esperando en una sesión generar el 10% de ganancias, las metas irracionales generan frustración.*
- *Es importante entender que en el Trading hay días que se gana y días que se pierde por lo cual las metas que establezcamos deben considerarse en promedio en relación a los datos de cada mes de trading.*
- *Podemos establecer stop de perdidas pautando por ejemplo dejar de operar al alcanzar el -5% de la cuenta.*
- *Dentro de nuestro plan podemos establecer una cantidad de operaciones diarias o de tiempo para así una vez cumplida la consigna que nos planteamos dejamos de operar.*
- *Operar por tiempo o cantidad de operaciones con poco capital por operación es muy beneficioso ya que los resultados terminan siendo un promedio de una gran cantidad de operaciones que se ajusta a la ley de los grandes números.*

<u>*CALCULA LAS METAS RAZONABLES DE TU ESTRATEGIA Y*</u>
<u>*PLAN DE TRADING*</u>

Aquí abajo te dejo los cuadros para calcular metas razonables para tu plan y estrategia de trading, simplemente debes completar los resultados porcentuales de cada sesión de trading.

RESULTADOS SEMANA 1						
DÍA 1	SESION 1	_ _,_ %	SESION 2	_ _,_ %	SESION 3	_ _,_ %
DÍA 2	SESION 1	_ _,_ %	SESION 2	_ _,_ %	SESION 3	_ _,_ %
DÍA 3	SESION 1	_ _,_ %	SESION 2	_ _,_ %	SESION 3	_ _,_ %
DÍA 4	SESION 1	_ _,_ %	SESION 2	_ _,_ %	SESION 3	_ _,_ %
DÍA 5	SESION 1	_ _,_ %	SESION 2	_ _,_ %	SESION 3	_ _,_ %
DÍA 6	SESION 1	_ _,_ %	SESION 2	_ _,_ %	SESION 3	_ _,_ %
DÍA 7	SESION 1	_ _,_ %	SESION 2	_ _,_ %	SESION 3	_ _,_ %
Totales	Sesiones 1	_ _,_ %	Sesiones 2	_ _,_ %	Sesiones 3	_ _,_ %
PROMEDIO PORCENTUAL POR SESIÓN: _ _, _%/21= _, _%						
PROMEDIO PORCENTUAL DIARIO: _ _,_ %x 3 sesiones = _ _, %						
PROMEDIO SEMANAL: _ _ , _ _%						

- *En cada columna se suma el total de resultados obtenidos por sesiones de trading día por día. Por ejemplo los totales de sesiones 1 son la suma y restas de los 7 días de la semana: 5%+3.3%-4% - 2.6% +1.3% +0.5% +4.1% es igual a 10.2%.*
- *El cálculo de promedio por sesión se saca sumando todos los resultados obtenidos en las 21 sesiones de Trading y dividiéndolo sobre el total de sesiones (30.1% / 21 sesiones nos da un total de 1.43% promedio por cada sesión de Trading).*
- *El promedio porcentual diario es igual al promedio porcentual por sesión multiplicado por las tres sesiones de trading diarias, en este caso 1.43% x 3 es igual a 4.29%.*
- *El promedio porcentual semanal es la suma de todos los resultados de las sesiones de Trading de toda la semana.*

RESULTADOS SEMANA 2

DÍA 1	SESION 1	_ _,_%	SESION 2	_ _,_%	SESION 3	_ _,_%
DÍA 2	SESION 1	_ _,_%	SESION 2	_ _,_%	SESION 3	_ _,_%
DÍA 3	SESION 1	_ _,_%	SESION 2	_ _,_%	SESION 3	_ _,_%
DÍA 4	SESION 1	_ _,_%	SESION 2	_ _,_%	SESION 3	_ _,_%
DÍA 5	SESION 1	_ _,_%	SESION 2	_ _,_%	SESION 3	_ _,_%
DÍA 6	SESION 1	_ _,_%	SESION 2	_ _,_%	SESION 3	_ _,_%
DÍA 7	SESION 1	_ _,_%	SESION 2	_ _,_%	SESION 3	_ _,_%
Totales	Sesiones 1	_ _,_%	Sesiones 2	_ _,_%	Sesiones 3	_ _,_%

PROMEDIO PORCENTUAL POR SESIÓN: _ _,_%/21=_ _,_%

PROMEDIO PORCENTUAL DIARIO: _ _,_%x 3 sesiones =_ _,_%

PROMEDIO SEMANAL: _ _ ,_ _%

RESULTADOS SEMANA 3

DÍA 1	SESION 1	_ _,_%	SESION 2	_ _,_%	SESION 3	_ _,_%
DÍA 2	SESION 1	_ _,_%	SESION 2	_ _,_%	SESION 3	_ _,_%
DÍA 3	SESION 1	_ _,_%	SESION 2	_ _,_%	SESION 3	_ _,_%
DÍA 4	SESION 1	_ _,_%	SESION 2	_ _,_%	SESION 3	_ _,_%
DÍA 5	SESION 1	_ _,_%	SESION 2	_ _,_%	SESION 3	_ _,_%
DÍA 6	SESION 1	_ _,_%	SESION 2	_ _,_%	SESION 3	_ _,_%
DÍA 7	SESION 1	_ _,_%	SESION 2	_ _,_%	SESION 3	_ _,_%
Totales	Sesiones 1	_ _,_%	Sesiones 2	_ _,_%	Sesiones 3	_ _,_%

PROMEDIO PORCENTUAL POR SESIÓN: _ _,_%/21=_ _,_%

PROMEDIO PORCENTUAL DIARIO: _ _,_%x 3 sesiones =_ _,_%

PROMEDIO SEMANAL: _ _ ,_ _%

RESULTADOS SEMANA 4						
DÍA 1	SESION 1	_ _,_ %	SESION 2	_ _,_ %	SESION 3	_ _,_ %
DÍA 2	SESION 1	_ _,_ %	SESION 2	_ _,_ %	SESION 3	_ _,_ %
DÍA 3	SESION 1	_ _,_ %	SESION 2	_ _,_ %	SESION 3	_ _,_ %
DÍA 4	SESION 1	_ _,_ %	SESION 2	_ _,_ %	SESION 3	_ _,_ %
DÍA 5	SESION 1	_ _,_ %	SESION 2	_ _,_ %	SESION 3	_ _,_ %
DÍA 6	SESION 1	_ _,_ %	SESION 2	_ _,_ %	SESION 3	_ _,_ %
DÍA 7	SESION 1	_ _,_ %	SESION 2	_ _,_ %	SESION 3	_ _,_ %
Totales	Sesiones 1	_ _,_ %	Sesiones 2	_ _,_ %	Sesiones 3	_ _,_ %
PROMEDIO PORCENTUAL POR SESIÓN: _ _,_ %/21=_ _,_ %						
PROMEDIO PORCENTUAL DIARIO: _ _,_ %x 3 sesiones = _ _,_ %						
PROMEDIO SEMANAL: _ _ , _ _ %						

CALCULO DE METAS RAZONABLES

Para calcular metas razonables simplemente hay que sacar cuentas recolectando los datos obtenidos de tu sistema de trading.

Promedio porcentual por sesión: Se deben sumar los promedios porcentuales por sesión de las cuatro semanas y luego dividirlo por cuatro.

PROMEDIO PORCENTUAL POR SESIÓN SEMANA 1	_ _, _ %
PROMEDIO PORCENTUAL POR SESIÓN SEMANA 2	_ _, _ %
PROMEDIO PORCENTUAL POR SESIÓN SEMANA 3	_ _, _ %
PROMEDIO PORCENTUAL POR SESIÓN SEMANA 4	_ _, _ %
TOTALES	_ _, _ %
META RAZONABLE POR SESIÓN _ _,_ %/4 SEMANAS = _ _, _ %	

Promedio porcentual diario: **Se deben sumar los promedios porcentuales diarios de las cuatro semanas y luego dividirlo en 4 (semanas),**

PROMEDIO PORCENTUAL DIARIO SEMANA 1	_ _ , _ %
PROMEDIO PORCENTUAL DIARIO SEMANA 2	_ _ , _ %
PROMEDIO PORCENTUAL DIARIO SEMANA 3	_ _ , _ %
PROMEDIO PORCENTUAL DIARIO SEMANA 4	_ _ , _ %
TOTALES	_ _ , _ %
METAS RAZONABLES DIARIAS _ _ , _ _ %/4 SEMANAS = _ _ , _ %	

Promedio porcentual semanal: **Se obtiene sumando los resultados porcentuales de las cuatro semanas y dividiendo luego ese total en 4 semanas.**

PROMEDIO PORCENTUAL SEMANA 1	_ _ , _ %
PROMEDIO PORCENTUAL SEMANA 2	_ _ , _ %
PROMEDIO PORCENTUAL SEMANA 3	_ _ , _ %
PROMEDIO PORCENTUAL SEMANA 4	_ _ , _ %
TOTALES	_ _ , _ %
META RAZONABLE POR SEMANA _ _ , _ _ % DIVIDIDO 4 SEMANAS = _ _ ; _ _ % POR SEMANA	

METAS CALCULADAS

METAS RAZONABLES POR SESIÓN DE TRADING	_ _ , _ %
META DIARIA RAZONABLE	_ _ , _ %
META RAZONABLE SEMANAL	_ _ , _ %

METAS DIARIAS CALCULADAS DEL 1% (100 A 200 DÓLARES)

			S 1	S 2	S 3
			O 101.20	O 102.22	O 103.26
S 4	S 5	S 6	S 7	S 8	S 9
O 105.35	O 106.42	O 107.49	O 108.58	O 109.67	O 110.78
S 10	S 11	S 12	S 13	S 14	S 15
O 111.90	O 113.03	O 114.17	O 115.33	O 116.49	O 117.67
S 16	S 17	S 18	S 19	S 20	S 21
O 118.86	O 120.06	O 121.27	O 122.50	O 123.73	O 124.98
S 22	S 23	S 24	S 25	S 26	S 27
O 126.25	O 127.51	O 128.78	O 130.07	O 131.37	O 132.69
S 28	S 29	S 30	S 31	S 32	S 33
O 134.01	O 135.35	O 136.71	O 138.07	O 139.45	O 140.85
S 34	S 35	S 36	S 37	S 38	S 39
O 142.26	O 143.68	O 145.12	O 146.57	O 148.03	O 149.51
S 40	S 41	S 42	S 43	S 44	S 45
O 151.01	O 152.52	O 154.04	O 155.58	O 157.14	O 158.71
S 46	S 47	S 48	S 49	S 50	S 51
O 160.30	O 161.90	O 163.52	O 165.16	O 166.81	O 168.48
S 52	S 53	S 54	S 55	S 56	S 57
O 170.16	O 171.86	O 173.58	O 175.32	O 177.07	O 178.84
S 58	S 59	S 60	S 61	S 62	S 63
O 180.63	O 182.44	O 184.26	O 186.10	O 187.96	O 189.84
S 64	S 65	S 66	S 67	S 68	S 69
O 191.74	O 193.66	O 195.60	O 197.55	O 199.53	O 201.52

S: SESIÓN O: OBJETIVO O META

- **Como observamos en el cuadro en 69 sesiones exitosas promedio del 1% se logra duplicar el capital.**
- **En caso de que un día no se alcance el objetivo planteado como meta se aplica el stop de pérdidas de nuestro plan y la próxima sesión de Trading se parte desde donde quedo en la cuenta con el objetivo de sesión de trading del 1%.**
- **Jamás se debe incrementar el monto en las operaciones para recuperarse de perdidas.**

METAS DIARIAS CALCULADAS DEL 1% (200 A 400 DÓLARES)

		S 1 O 203.54	S 1 O 205.57	S 3 O 207.63	S 4 O 209.71
S 5 O 211.80	S 6 O 213.92	S 7 O 216.06	S 8 O 218.22	S 9 O 220.40	S 10 O 222.61
S 11 O 224.83	S 12 O 227.08	S 13 O 229.35	S 14 O 231.65	S 15 O 233.66	S 16 O 236.30
S 17 O 238.67	S 18 O 241.05	S 19 O 243.46	S 20 O 245.90	S 21 O 248.36	S 22 O 250.84
S 23 O 253.35	S 24 O 255.88	S 25 O 258.44	S 26 O 261.03	S 27 O 263.64	S 28 O 266.27
S 29 O 268.94	S 30 O 271.62	S 31 O 274.34	S 32 O 277.08	S 33 O 279.86	S 34 O 282.65
S 35 O 285.48	S 36 O 288.34	S 37 O 291.22	S 38 O 294.13	S 39 O 297.07	S 40 O 300.04
S 41 O 303.04	S 42 O 306.07	S 43 O 309.13	S 44 O 312.23	S 45 O 315.35	S 46 O 318.50
S 47 O 321.69	S 48 O 324.90	S 49 O 328.15	S 50 O 331.43	S 51 O 334.75	S 52 O 338.10
S 53 O 341.48	S 54 O 344.89	S 55 O 348.34	S 56 O 351.83	S 57 O 355.34	S 58 O 358.90
S 59 O 362.49	S 60 O 366.11	S 61 O 369.77	S 62 O 373.47	S 63 O 377.20	S 64 O 380.98
S 65 O 384.79	S 66 O 388.63	S 67 O 392.52	S 68 O 396.45	S 69 O 400.41	

S: SESIÓN   O: OBJETIVO O META

- *Como observamos en el cuadro en 69 sesiones exitosas promedio del 1% se logra duplicar el capital.*
- *En caso de que un día no se alcance el objetivo planteado como meta se aplica el stop de pérdidas de nuestro plan y la próxima sesión de Trading se parte desde donde quedo en la cuenta con el objetivo de sesión de trading del 1%.*
- *Jamás se debe incrementar el monto en las operaciones para recuperarse de perdidas*

METAS DIARIAS CALCULADAS DEL 1% (400 A 800 DÓLARES)

	S 1 O 404.41	S 2 O 408.46	S 3 O 412.54	S 4 O 416.65	S 5 O 420.82
S 6 O 425.03	S 7 O 429.28	S 8 O 433.57	S 9 O 437.90	S 10 O 442.28	S 11 O 446.71
S 12 O 451.17	S 13 O 455.68	S 14 O 460.24	S 15 O 464.84	S 16 O 469.49	S 17 O 474.19
S 18 O 478.93	S 19 O 483.72	S 20 O 488.55	S 21 O 493.44	S 22 O 498.37	S 23 O 503.36
S 24 O 508.39	S 25 O 513.47	S 26 O 518.61	S 27 O 523.79	S 28 O 529.03	S 29 O 534.32
S 30 O 539.66	S 31 O 545.06	S 32 O 550.51	S 33 O 556.01	S 34 O 561.57	S 35 O 567.19
S 36 O 572.86	S 37 O 578.59	S 38 O 584.37	S 39 O 590.22	S 40 O 596.12	S 41 O 602.08
S 42 O 608.10	S 43 O 614.18	S 44 O 620.32	S 45 O 626.52	S 46 O 632.79	S 47 O 639.12
S 48 O 645.51	S 49 O 651.96	S 50 O 658.48	S 51 O 665.07	S 52 O 671.72	S 53 O 678.43
S 54 O 685.22	S 55 O 692.07	S 56 O 698.99	S 57 O 705.98	S 58 O 713.04	S 59 O 720.17
S 60 O 727.37	S 61 O 734.64	S 62 O 741.99	S 63 O 749.41	S 64 O 756.90	S 65 O 764.47
S 66 O 772.11	S 67 O 779.84	S 68 O 788.41	S 69 O 796.30	S 70 O 804.26	

S: SESIÓN   O: OBJETIVO O META

- Como observamos en el cuadro en 70 sesiones exitosas promedio del 1% se logra duplicar el capital.
- En caso de que un día no se alcance el objetivo planteado como meta se aplica el stop de pérdidas de nuestro plan y la próxima sesión de Trading se parte desde donde quedo en la cuenta con el objetivo de sesión de trading del 1%.
- Jamás se debe incrementar el monto en las operaciones para recuperarse de perdidas

				S 1 O 812.30	S 2 O 820.43
S 3 O 828.63	S 4 O 836.92	S 5 O 845.29	S 6 O 853.74	S 7 O 862.28	S 8 O 870.90
S 9 O 879.61	S 10 O 888.41	S 11 O 897.29	S 12 O 906.26	S 13 O 915.33	S 14 O 924.48
S 15 O 933.72	S 16 O 943.06	S 17 O 952.49	S 18 O 962.02	S 19 O 971.64	S 20 O 981.35
S 21 O 991.17	S 22 O 1001	S 23 O 1010	S 24 O 1020	S 25 O 1030	S 26 O 1040
S 27 O 1050	S 28 O 1060	S 29 O 1074	S 30 O 1085	S 31 O 1096	S 32 O 1107
S 33 O 1119	S 34 O 1130	S 35 O 1141	S 36 O 1153	37 O 1164	S 38 O 1176
S 39 O 1188	S 40 O 1200	S 41 O 1212	S 42 O 1225	S 43 O 1237	S 44 O 1249
S 45 O 1262	S 46 O 1275	S 47 O 1287	S 48 O 1300	S 49 O 1313	S 50 O 1326
S 51 O 1340	S 52 O 1353	S 53 O 1367	S 54 O 1380	S 55 O 1394	S 56 O 1408
S 57 O 1422	S 58 O 1436	S 59 O 1451	S 60 O 1465	S 61 O 1480	S 62 O 1495
S 63 O 1510	S 64 O 1525	S 65 O 1540	S 66 O 1555	S 67 O 1571	S 68 O 1587
S 69 O 1603					

S: SESIÓN O: OBJETIVO O META

- Como observamos en el cuadro en 69 sesiones exitosas promedio del 1% se logra duplicar el capital.
- En caso de que un día no se alcance el objetivo planteado como meta se aplica el stop de pérdidas de nuestro plan y la próxima sesión de Trading se parte desde donde quedo en la cuenta con el objetivo de sesión de trading del 1%.
- Jamás se debe incrementar el monto en las operaciones para recuperarse de perdidas

METAS DIARIAS CALCULADAS DEL 1% (1600 A 3200 DÓLARES)

	S 1 O 1619	S 2 O 1635	S 3 O 1651	S 4 O 1668	S 5 O 1684
S 6 O 1701	S 7 O 1718	S 8 O 1735	S 9 O 1753	S 10 O 1770	S 11 O 1788
S 12 O 1806	S 13 O 1824	S 14 O 1842	S 15 O 1861	S 16 O 1879	S 17 O 1898
S 18 O 1917	S 19 O 1936	S 20 O 1956	S 21 O 1975	S 22 O 1995	S 23 O 2015
S 24 O 2035	S 25 O 2055	S 26 O 2076	S 27 O 2096	S 28 O 2117	S 29 O 2138
S 30 O 2160	S 31 O 2181	S 32 O 2203	S 33 O 2225	S 34 O 2248	S 35 O 2270
S 36 O 2293	S 37 O 2316	S 38 O 2339	S 39 O 2362	S 40 O 2386	S 41 O 2410
S 42 O 2434	S 43 O 2458	S 44 O 2483	S 45 O 2508	S 46 O 2533	S 47 O 2558
S 48 O 2584	S 49 O 2609	S 50 O 2636	S 51 O 2662	S 52 O 2689	S 53 O 2715
S 54 O 2743	S 55 O 2770	S 56 O 2798	S 57 O 2825	S 58 O 2854	S 59 O 2882
S 60 O 2911	S 61 O 2940	S 62 O 2969	S 63 O 2998	S 64 O 3028	S 65 O 3058
S 66 O 3089	S 67 O 3120	S 68 O 3151	S 69 O 3183	S 70 O 3215	

S: SESIÓN O: OBJETIVO O META

- Como observamos en el cuadro en 69 sesiones exitosas promedio del 1% se logra duplicar el capital.
- En caso de que un día no se alcance el objetivo planteado como meta se aplica el stop de pérdidas de nuestro plan y la próxima sesión de Trading se parte desde donde quedo en la cuenta con el objetivo de sesión de trading del 1%.
- Jamás se debe incrementar el monto en las operaciones para recuperarse de perdidas

METAS DIARIAS CALCULADAS DEL 1% (3200 A 6400 DÓLARES)

	S 1 O 3247	S 2 O 3279	S 3 O 3312	S 4 O 3345	S 5 O 3378
S 6 O 3412	S 7 O 3446	S 8 O 3481	S 9 O 3516	S 10 O 3551	S 11 O 3586
S 12 O 3622	S 13 O 3658	S 14 O 3695	S 15 O 3732	S 16 O 3769	S 17 O 3807
S 18 O 3845	S 19 O 3884	S 20 O 3922	S 21 O 3962	S 22 O 4001	S 23 O 4041
S 24 O 4082	S 25 O 4123	S 26 O 4164	S 27 O 4205	S 28 O 4247	S 29 O 4290
S 30 O 4333	S 31 O 4376	S 32 O 4420	S 33 O 4464	S 34 O 4509	S 35 O 4554
S 36 O 4599	S 37 O 4645	S 38 O 4692	S 39 O 4739	S 40 O 4786	S 41 O 4834
S 42 O 4882	S 43 O 4930	S 44 O 4980	S 45 O 5029	S 46 O 5080	S 47 O 5130
S 48 O 5181	S 49 O 5233	S 50 O 5285	S 51 O 5338	S 52 O 5391	S 53 O 5445
S 54 O 5500	S 55 O 5555	S 56 O 5610	S 57 O 5666	S 58 O 5723	S 59 O 5780
S 60 O 5838	S 61 O 5896	S 62 O 5995	S 63 O 6015	S 64 O 6075	S 65 O 6136
S 66 O 6197	S 67 O 6259	S 68 O 6322	S 69 O 6385	S 70 O 6449	

S: SESIÓN O: OBJETIVO O META

- *Como observamos en el cuadro en 69 sesiones exitosas promedio del 1% se logra duplicar el capital.*
- *En caso de que un día no se alcance el objetivo planteado como meta se aplica el stop de pérdidas de nuestro plan y la próxima sesión de Trading se parte desde donde quedo en la cuenta con el objetivo de sesión de trading del 1%.*
- *Jamás se debe incrementar el monto en las operaciones para recuperarse de perdidas*

METAS DIARIAS CALCULADAS DEL 1% (6400 A 12800 DÓLARES)

	S 1	S 2	S 3	S 4	S 5
	O 6513	O 6578	O 6644	O 6711	O 6778
S 6	S 7	S 8	S 9	S 10	S 11
O 6846	O 6914	O 6893	O 7053	O 7123	O 7195
S 12	S 13	S 14	S 15	S 16	S 17
O 7267	O 7339	O 7413	O 7487	O 7562	O 7637
S 18	S 19	S 20	S 21	S 22	S 23
O 7714	O 7791	O 7869	O 7947	O 8027	O 8107
S 24	S 25	S 26	S 27	S 28	S 29
O 8188	O 8270	O 8353	O 8436	O 8521	O 8606
S 30	S 31	S 32	S 33	S 34	S 35
O 8692	O 8779	O 8867	O 8956	O 9045	O 9136
S 36	S 37	S 38	S 39	S 40	S 41
O 9227	O 9319	O 9412	O 9506	O 9602	O 9698
S 42	S 43	S 44	S 45	S 46	S 47
O 9795	O 9893	O 9991	O 10.091	O 10.192	O 10.294
S 48	S 49	S 50	S 51	S 52	S 53
O 10.397	O 10.501	O 10.606	O 10.712	O 10.819	O 10.928
S 54	S 55	S 56	S 57	S 58	S 59
O 11.037	O 11.147	O 11.259	O 11.371	O 11.485	O 11.600
S 60	S 61	S 62	S 63	S 64	S 65
O 11.716	O 11.833	O 11.951	O 12.071	O 12.192	O 12.313
S 66	S 67	S 68	S 69		
O 12.437	O 12.561	O 12.687	O 12.813		

S: SESIÓN O: OBJETIVO O META

- *Como observamos en el cuadro en 69 sesiones exitosas promedio del 1% se logra duplicar el capital.*
- *En caso de que un día no se alcance el objetivo planteado como meta se aplica el stop de pérdidas de nuestro plan y la próxima sesión de Trading se parte desde donde quedo en la cuenta con el objetivo de sesión de trading del 1%.*
- *Jamás se debe incrementar el monto en las operaciones para recuperarse de perdidas*

METAS DIARIAS CALCULADAS DEL 1% (12800 A 25600 DÓLARES)

	S 1	S 2	S 3	S 4	S 5
	O 12.942	O 13.071	O 13.202	O 13.334	O 13.467
S 6	S 7	S 8	S 9	S 10	S 11
O 13.602	O 13.738	O 13.875	O 14.014	O 14.154	O 14.296
S 12	S 13	S 14	S 15	S 16	S 17
O 14.439	O 14.583	O 14.729	O 14.876	O 15.025	O 15.175
S 18	S 19	S 20	S 21	S 22	S 23
O 15.327	O 15.480	O 15.635	O 15.791	O 15.949	O 16.109
S 24	S 25	S 26	S 27	S 28	S 29
O 16.270	O 16.433	O 16.597	O 16.763	O 16.930	O 17.100
S 30	S 31	S 32	S 33	S 34	S 35
O 17.271	O 17.444	O 17618	O 17.794	O 17.972	O 18.152
S 36	S 37	S 38	S 39	S 40	S 41
O 18.333	O 18.517	O 18.702	O 18.889	O 19.078	O 19.269
S 42	S 43	S 44	S 45	S 46	S 47
O 19.461	O 19.656	O 19.852	O 20.051	O 20.251	O 20.454
S 48	S 49	S 50	S 51	S 52	S 53
O 20.659	O 20.865	O 21.074	O 21.285	O 21.497	O 21.712
S 54	S 55	S 56	S 57	S 58	S 59
O 21.929	O 22.149	O 22.370	O 22.594	O 22.820	O 23.048
S 60	S 61	S 62	S 63	S 64	S 65
O 23.279	O 23.511	O 23.747	O 23.984	O 24.224	O 24.466
S 66	S 67	S 68	S 69	S 70	
O 24.711	O 24.958	O 25.207	O 25.460	O 25.714	

S: SESIÓN O: OBJETIVO O META

- Como observamos en el cuadro en 70 sesiones exitosas promedio del 1% se logra duplicar el capital.
- En caso de que un día no se alcance el objetivo planteado como meta se aplica el stop de pérdidas de nuestro plan y la próxima sesión de Trading se parte desde donde quedo en la cuenta con el objetivo de sesión de trading del 1%.
- Jamás se debe incrementar el monto en las operaciones para recuperarse de perdidas

METAS DIARIAS CALCULADAS DEL 1% (25600 A 51200 DÓLARES)

	S 1 O 25.971	S 2 O 26.231	S 3 O 26.493	S 4 O 26.758	S 5 O 27.026
S 6 O 27.296	S 7 O 27.569	S 8 O 27.845	S 9 O 28.123	S 10 O 28.404	S 11 O 28.688
S 12 O 28.975	S 13 O 29.265	S 14 O 29.558	S 15 O 29.853	S 16 O 30.152	S 17 O 30.453
S 18 O 30.758	S 19 O 31.066	S 20 O 31.376	S 21 O 31.690	S 22 O 32.007	S 23 O 32.359
S 24 O 32.683	S 25 O 33.009	S 26 O 33.339	S 27 O 33.673	S 28 O 34.010	S 29 O 34.350
S 30 O 34.693	S 31 O 35.040	S 32 O 35.391	S 33 O 35.744	S 34 O 36.102	S 35 O 36.463
S 36 O 36.828	S 37 O 37.196	S 38 O 37.568	S 39 O 37.944	S 40 O 38.323	S 41 O 38.706
S 42 O 39.093	S 43 O 39.484	S 44 O 39.879	S 45 O 40.278	S 46 O 40.681	S 47 O 41.087
S 48 O 41.498	S 49 O 41.913	S 50 O 42.332	S 51 O 42.756	S 52 O 43.183	S 53 O 43.615
S 54 O 44.051	S 55 O 44.492	S 56 O 44.937	S 57 O 45.386	S 58 O 45.840	S 59 O 46.298
S 60 O 46.760	S 61 O 47.228	S 62 O 47.700	S 63 O 48.177	S 64 O 48.659	S 65 O 49.146
S 66 O 49.637	S 67 O 50.134	S 68 O 50.635	S 69 O 51.141	S 70 O 51.653	

S: SESIÓN O: OBJETIVO O META

- Como observamos en el cuadro en 69 sesiones exitosas promedio del 1% se logra duplicar el capital.
- En caso de que un día no se alcance el objetivo planteado como meta se aplica el stop de pérdidas de nuestro plan y la próxima sesión de Trading se parte desde donde quedo en la cuenta con el objetivo de sesión de trading del 1%.
- Jamás se debe incrementar el monto en las operaciones para recuperarse de perdidas

METAS DIARIAS CALCULADAS DEL 1% (51.200 A 102.400 DÓLARES)

	S 1 O 52.159	S 2 O 52.691	S 3 O 53.218	S 4 O 53.750	S 5 O 54.288
S 6 O 54.830	S 7 O 55.379	S 8 O 55.933	S 9 O 56.492	S 10 O 57.057	S 11 O 57.627
S 12 O 58.204	S 13 O 58.786	S 14 O 59.374	S 15 O 59.967	S 16 O 60.567	S 17 O 61.173
S 18 O 61.784	S 19 O 62.402	S 20 O 63.026	S 21 O 63.657	S 22 O 64.293	S 23 O 64.936
S 24 O 65.585	S 25 O 66.241	S 26 O 66.904	S 27 O 67.573	S 28 O 68.248	S 29 O 68.931
S 30 O 69.620	S 31 O 70.316	S 32 O 71.020	S 33 O 71.730	S 34 O 72.447	S 35 O 73.171
S 36 O 73.903	S 37 O 74.642	S 38 O 75.389	S 39 O 76.143	S 40 O 76.904	S 41 O 77.673
S 42 O 78.450	S 43 O 79.234	S 44 O 80.027	S 45 O 80.827	S 46 O 81.635	S 47 O 82.452
S 48 O 83.276	S 49 O 84.109	S 50 O 84.950	S 51 O 85.799	S 52 O 86.657	S 53 O 87.524
S 54 O 88.399	S 55 O 89.283	S 56 O 90.176	S 57 O 91.078	S 58 O 91.989	S 59 O 92.908
S 60 O 93.838	S 61 O 94.776	S 62 O 95.724	S 63 O 96.681	S 64 O 97.648	S 65 O 8.624
S 66 O 99.611	S 67 O 100.607	S 68 O 101.613	S 69 O 102.629		

S: SESIÓN   O: OBJETIVO O META

- Como observamos en el cuadro en 69 sesiones exitosas promedio del 1% se logra duplicar el capital.
- En caso de que un día no se alcance el objetivo planteado como meta se aplica el stop de pérdidas de nuestro plan y la próxima sesión de Trading se parte desde donde quedo en la cuenta con el objetivo de sesión de trading del 1%.
- Jamás se debe incrementar el monto en las operaciones para recuperarse de perdidas

METAS DIARIAS CALCULADAS DEL 2% (100 A 200 DÓLARES)

S 1	S 2	S 3	S 4	S 5	S 6
O 102	O 104.04	O 106.12	O 108.24	O 110.40	O 112.61
S 7	S 8	S 9	S 10	S 11	S 12
O 114.86	O 117.16	O 119.50	O 121.89	O 124.33	O 126.82
S 13	S 14	S 15	S 16	S 17	S 18
O 129.36	O 131.94	O 134.58	O 137.27	O 140.02	O 142.82
S 19	S 20	S 21	S 22	S 23	S 24
O 145.68	O 148.59	O 151.56	O 154.59	O 157.68	O 160.84
S 25	S 26	S 27	S 28	S 29	S 30
O 164.06	O 167.34	O 170.68	O 174.10	O 177.58	O 181.13
S 31	S 32	S 33	S 34	S 35	S 36
O 184.75	O 188.45	O 192.22	O 196.06	O 199.98	O 203.98

METAS DIARIAS CALCULADAS DEL 2% (200 A 400 DÓLARES)

S 1	S 2	S 3	S 4	S 5	S 6
O 208.05	O 212.22	O 216.46	O 220.79	O 225.21	O 229.71
S 7	S 8	S 9	S 10	S 11	S 12
O 232.01	O 236.65	O 241.38	O 246.21	O 251.13	O 256.15
S 13	S 14	S 15	S 16	S 17	S 18
O 261.28	O 266.50	O 271.83	O 277.27	O 282.82	O 288.47
S 19	S 20	S 21	S 22	S 23	S 24
O 294.24	O 300.13	O 306.13	O 312.25	O 318.50	O 324.87
S 25	S 26	S 27	S 28	S 29	S 30
O 331.36	O 337.99	O 344.75	O 351.65	O 358.68	O 365.85
S 31	S 32	S 33	S 34	S 35	
O 373.17	O 380.63	O 388.25	O 396.01	O 403.93	

S: SESIÓN O: OBJETIVO O META

- **Como observamos en los cuadros en 35-36 sesiones exitosas promedio del 2% se logra duplicar el capital.**
- **En caso de que un día no se alcance el objetivo planteado como meta se aplica el stop de pérdidas de nuestro plan y la próxima sesión de Trading se parte desde donde quedo en la cuenta con el objetivo de sesión de trading del 2%.**
- **Jamás se debe incrementar el monto en las operaciones para recuperarse de perdidas**

METAS DIARIAS CALCULADAS DEL 2% (400 A 800 DÓLARES)

S 1	S 2	S 3	S 4	S 5	S 6
O 412.01	O 420.25	O 428.65	O 437.22	O 445.97	O 454.89
S 7	S 8	S 9	S 10	S 11	S 12
O 463.99	O 473.26	O 482.73	O 492.39	O 502.23	O 512.28
S 13	S 14	S 15	S 16	S 17	S 18
O 522.52	O 532.97	O 543.63	O 554.51	O 565.60	O 576.91
S 19	S 20	S 21	S 22	S 23	S 24
O 588.45	O 600.22	O 612.22	O 624.46	O 636.95	O 649.69
S 25	S 26	S 27	S 28	S 29	S 30
O 662.69	O 675.94	O 689.46	O 703.25	O 717.31	O 731.66
S 31	S 32	S 33	S 34	S 35	
O 746.29	O 761.22	O 776.44	O 791.97	O 807.91	

METAS DIARIAS CALCULADAS DEL 2% (800 A 1600 DÓLARES)

S 1	S 2	S 3	S 4	S 5	S 6
O 823.97	O 840.45	O 857.26	O 874.40	O 891.89	O 909.73
S 7	S 8	S 9	S 10	S 11	S 12
O 927.92	O 946.48	O 965.41	O 984.72	O 1004	O 1024
S 13	S 14	S 15	S 16	S 17	S 18
O 1044	O 1065	O 1087	O 1108	O 1131	O 1153
S 19	S 20	S 21	S 22	S 23	S 24
O 1176	O 1200	O 1224	O 1248	O 1273	O 1299
S 25	S 26	S 27	S 28	S 29	S 30
O 1325	O 1351	O 1378	O 1406	O 1434	O 1463
S 31	S 32	S 33	S 34	S 35	
O 1492	O 1522	O 1552	O 1583	O 1615	

S: SESIÓN   O: OBJETIVO O META

- *Como observamos en los cuadros en 35-36 sesiones exitosas promedio del 2% se logra duplicar el capital.*
- *En caso de que un día no se alcance el objetivo planteado como meta se aplica el stop de pérdidas de nuestro plan y la próxima sesión de Trading se parte desde donde quedo en la cuenta con el objetivo de sesión de trading del 2%.*
- *Jamás se debe incrementar el monto en las operaciones para recuperarse de perdidas*

METAS DIARIAS CALCULADAS DEL 2% (1.600 A 3.200 DÓLARES)

S 1	S 2	S 3	S 4	S 5	S 6
O 1647	O 1680	O 1714	O 1748	O 1783	O 1819
S 7	S 8	S 9	S 10	S 11	S 12
O 1855	O 1892	O 1930	O 1969	O 2008	O 2048
S 13	S 14	S 15	S 16	S 17	S 18
O 2089	O 2131	O 2174	O 2217	O 2262	O 2307
S 19	S 20	S 21	S 22	S 23	S 24
O 2353	O 2400	O 2448	O 2497	O 2547	O 2598
S 25	S 26	S 27	S 28	S 29	S 30
O 2650	O 2703	O 2757	O 2812	O 2868	O 2926
S 31	S 32	S 33	S 34	S 35	
O 2984	O 3044	O 3105	O 3167	O 3230	

METAS DIARIAS CALCULADAS DEL 2% (3.200 A 6.400 DÓLARES)

S 1	S 2	S 3	S 4	S 5	S 6
O 3295	O 3361	O 3428	O 3497	O 3567	O 3638
S 7	S 8	S 9	S 10	S 11	S 12
O 3711	O 3785	O 3861	O 3938	O 4017	O 4097
S 13	S 14	S 15	S 16	S 17	S 18
O 4179	O 4263	O 4348	O 4435	O 4524	O 4614
S 19	S 20	S 21	S 22	S 23	S 24
O 4706	O 4800	O 4896	O 4994	O 5094	O 5196
S 25	S 26	S 27	S 28	S 29	S 30
O 5300	O 5406	O 5514	O 5625	O 5737	O 5852
S 31	S 32	S 33	S 34	S 35	
O 5969	O 6088	O 6210	O 6334	O 6461	

S: SESIÓN O: OBJETIVO O META

- **Como observamos en los cuadros en 35 sesiones exitosas promedio del 2% se logra duplicar el capital.**
- **En caso de que un día no se alcance el objetivo planteado como meta se aplica el stop de pérdidas de nuestro plan y la próxima sesión de Trading se parte desde donde quedo en la cuenta con el objetivo de sesión de trading del 2%.**
- **Jamás se debe incrementar el monto en las operaciones para recuperarse de perdidas**

METAS DIARIAS CALCULADAS DEL 2% (6.400 A 12.800 DÓLARES)

S 1	S 2	S 3	S 4	S 5	S 6
O 6590	O 6722	O 6856	O 6994	O 7133	O 7276
S 7	S 8	S 9	S 10	S 11	S 12
O 7422	O 7570	O 7722	O 7876	O 8034	O 8194
S 13	S 14	S 15	S 16	S 17	S 18
O 8358	O 8525	O 8696	O 8870	O 9047	O 9228
S 19	S 20	S 21	S 22	S 23	S 24
O 9413	O 9601	O 9793	O 9989	O 10.189	O 10.392
S 25	S 26	S 27	S 28	S 29	S 30
O 10.600	O 10.812	O 11.029	O 11.249	O 11.474	O 11.704
S 31	S 32	S 33	S 34	S 35	
O 11.938	O 12.176	O 12.420	O 12.668	O 12.922	

METAS DIARIAS CALCULADAS DEL 2% (12.800 A 25.600 DÓLARES)

S 1	S 2	S 3	S 4	S 5	S 6
O 13.180	O 13.444	O 13.713	O 13.987	O 14.267	O 14.552
S 7	S 8	S 9	S 10	S 11	S 12
O 14.843	O 15.140	O 15.443	O 15.752	O 16.067	O 16.388
S 13	S 14	S 15	S 16	S 17	S 18
O 16.716	O 17.050	O 17.391	O 17.739	O 18.094	O 18.456
S 19	S 20	S 21	S 22	S 23	S 24
O 18.825	O 19.201	O 19.585	O 19.977	O 20.377	O 20.784
S 25	S 26	S 27	S 28	S 29	S 30
O 21.200	O 21.624	O 22.056	O 22.497	O 22.947	O 23.406
S 31	S 32	S 33	S 34	S 35	
O 23.874	O 24.352	O 24.839	O 25.336	O 25.843	

S: SESIÓN O: OBJETIVO O META

- Como observamos en los cuadros en 35 sesiones exitosas promedio del 2% se logra duplicar el capital.
- En caso de que un día no se alcance el objetivo planteado como meta se aplica el stop de pérdidas de nuestro plan y la próxima sesión de Trading se parte desde donde quedo en la cuenta con el objetivo de sesión de trading del 2%.
- Jamás se debe incrementar el monto en las operaciones para recuperarse de perdidas

METAS DIARIAS CALCULADAS DEL 2% (25.600 A 51.200 DÓLARES)

S 1	S 2	S 3	S 4	S 5	S 6
O 26.359	O 26.887	O 27.424	O 27.923	O 28.532	O 29.103
S 7	S 8	S 9	S 10	S 11	S 12
O 29.685	O 30.279	O 30.884	O 31.502	O 32.132	O 32.775
S 13	S 14	S 15	S 16	S 17	S 18
O 33.430	O 34.099	O 34.781	O 35.476	O 36.186	O 39.910
S 19	S 20	S 21	S 22	S 23	S 24
O 37.648	O 38.401	O 39.169	O 39.952	O 40.751	O 41.566
S 25	S 26	S 27	S 28	S 29	S 30
O 42.398	O 43.246	O 44.111	O 44.993	O 45.893	O 46.811
S 31	S 32	S 33	S 34	S 35	
O 47.747	O 48.702	O 49.676	O 50.669	O 51.683	

METAS DIARIAS CALCULADAS DEL 2% (51.200 A 102.400 DÓLARES)

S 1	S 2	S 3	S 4	S 5	S 6
O 52.716	O 53.771	O 54.846	O 55.943	O 57.062	O 58.203
S 7	S 8	S 9	S 10	S 11	S 12
O 59.367	O 60.555	O 61.766	O 63.001	O 64.261	O 65.546
S 13	S 14	S 15	S 16	S 17	S 18
O 66.857	O 68.194	O 69.558	O 70.950	O 72.369	O 73.816
S 19	S 20	S 21	S 22	S 23	S 24
O 75.292	O 76.798	O 78334	O 79.901	O 81.499	O 83.129
S 25	S 26	S 27	S 28	S 29	S 30
O 84.791	O 86.487	O 88.217	O 89.981	O 91.781	O 93.617
S 31	S 32	S 33	S 34	S 35	
O 95.489	O 97.399	O 99.347	O 101.334	O 103.360	

S: SESIÓN O: OBJETIVO O META

- *Como observamos en los cuadros en 35 sesiones exitosas promedio del 2% se logra duplicar el capital.*
- *En caso de que un día no se alcance el objetivo planteado como meta se aplica el stop de pérdidas de nuestro plan y la próxima sesión de Trading se parte desde donde quedo en la cuenta con el objetivo de sesión de trading del 2%.*
- *Jamás se debe incrementar el monto en las operaciones para recuperarse de perdidas*

METAS DIARIAS CALCULADAS DEL 3% (100 A 200 DÓLARES)

S 1	S 2	S 3	S 4	S 5	S 6
O 103	O 106.09	O 109.27	O 112.55	O 115.92	O 119.40
S 7	S 8	S 9	S 10	S 11	S 12
O 122.98	O 126.67	O 130.47	O 134.39	O 138.42	O 142.57
S 13	S 14	S 15	S 16	S 17	S 18
O 146.85	O 151.25	O 155.79	O 160.47	O 165.28	O 170.24
S 19	S 20	S 21	S 22	S 23	S 24
O 175.35	O 180.61	O 186.02	O 191.61	O 197.35	O 203.27

METAS DIARIAS CALCULADAS DEL 3% (200 A 400 DÓLARES)

S 1	S 2	S 3	S 4	S 5	S 6
O 209.37	O 215.65	O 222.12	O 228.79	O 235.65	O 242.72
S 7	S 8	S 9	S 10	S 11	S 12
O 250	O 257.50	O 265.23	O 273.19	O 281.38	O 289.82
S 13	S 14	S 15	S 16	S 17	S 18
O 298.52	O 307.47	O 316.70	O 326.20	O 335.98	O 346.06
S 19	S 20	S 21	S 22	S 23	
O 356.45	O 367.14	O 378.15	O 389.50	O 401.18	

METAS DIARIAS CALCULADAS DEL 3% (400 A 800 DÓLARES)

S 1	S 2	S 3	S 4	S 5	S 6
O 413	O 425	O 438	O 451	O 465	O 479
S 7	S 8	S 9	S 10	S 11	S 12
O 493	O 508	O 523	O 539	O 555	O 572
S 13	S 14	S 15	S 16	S 17	S 18
O 589	O 606	O 625	O 643	O 663	O 682
S 19	S 20	S 21	S 22	S 23	S 24
O 703	O 724	O 746	O 768	O 791	O 815

S: SESIÓN   O: OBJETIVO O META

- *Como observamos en los cuadros en 23 o 24 sesiones exitosas promedio del 3% se logra duplicar el capital.*
- *En caso de que un día no se alcance el objetivo planteado como meta se aplica el stop de pérdidas de nuestro plan y la próxima sesión de Trading se parte desde donde quedo en la cuenta con el objetivo de sesión de trading del 3%.*
- *Jamás se debe incrementar el monto en las operaciones para recuperarse de perdidas*

METAS DIARIAS CALCULADAS DEL 3% (800 A 1600 DÓLARES)

S 1	S 2	S 3	S 4	S 5	S 6
O 840	O 865	O 891	O 917	O 945	O 973
S 7	S 8	S 9	S 10	S 11	S 12
O 1.003	O 1.033	O 1.064	O 1.096	O 1.128	O 1.162
S 13	S 14	S 15	S 16	S 17	S 18
O 1.197	O 1.233	O 1.270	O 1.308	O 1.347	O 1.388
S 19	S 20	S 21	S 22	S 23	
O 1.430	O 1.472	O 1.517	O 1.562	O 1.609	

METAS DIARIAS CALCULADAS DEL 3% (1.600 A 3.200 DÓLARES)

S 1	S 2	S 3	S 4	S 5	S 6
O 1.657	O 1.707	O 1.758	O 1.811	O 1.865	O 1.921
S 7	S 8	S 9	S 10	S 11	S 12
O 1.979	O 2.038	O 2.100	O 2.163	O 2.227	O 2.294
S 13	S 14	S 15	S 16	S 17	S 18
O 2.363	O 2.434	O 2.507	O 2.582	O 2.660	O 2.740
S 19	S 20	S 21	S 22	S 23	S 24
O 2.822	O 2.906	O 2.994	O 3.084	O 3.176	O 3.271

METAS DIARIAS CALCULADAS DEL 3% (3.200 A 6.400 DÓLARES)

S 1	S 2	S 3	S 4	S 5	S 6
O 3.369	O 3.471	O 3.575	O 3.682	O 3.792	O 3.906
S 7	S 8	S 9	S 10	S 11	S 12
O 4.023	O 4.144	O 4.269	O 4.397	O 4.528	O 4.664
S 13	S 14	S 15	S 16	S 17	S 18
O 4.804	O 4.948	O 5.097	O 5.250	O 5.407	O 5.570
S 19	S 20	S 21	S 22	S 23	
O 5.737	O 5.909	O 6.086	O 6.269	O 6.457	

S: SESIÓN O: OBJETIVO O META

- Como observamos en los cuadros en 23 o 24 sesiones exitosas promedio del 3% se logra duplicar el capital.
- En caso de que un día no se alcance el objetivo planteado como meta se aplica el stop de pérdidas de nuestro plan y la próxima sesión de Trading se parte desde donde quedo en la cuenta con el objetivo de sesión de trading del 3%.
- Jamás se debe incrementar el monto en las operaciones para recuperarse de perdidas

METAS DIARIAS CALCULADAS DEL 3% (6.400 A 12.800 DÓLARES)

S 1	S 2	S 3	S 4	S 5	S 6
O 6.650	O 6.850	O 7.055	O 7.267	O 7.845	O 7.709
S 7	S 8	S 9	S 10	S 11	S 12
O 7.941	O 8.179	O 8.424	O 8.677	O 8.937	O 9.205
S 13	S 14	S 15	S 16	S 17	S 18
O 9.482	O 9.766	O 10.059	O 10.360	O 10.672	O 10.991
S 19	S 20	S 21	S 22	S 23	S 24
O 11.321	O 11.661	O 12.010	O 12.371	O 12.742	O 13.124

METAS DIARIAS CALCULADAS DEL 3% (12.800 A 25.600 DÓLARES)

S 1	S 2	S 3	S 4	S 5	S 6
O 13.518	O 13.924	O 14.341	O 14.771	O 15.215	O 15.671
S 7	S 8	S 9	S 10	S 11	S 12
O 16.141	O 16.625	O 17.124	O 17.638	O 18.167	O 18.712
S 13	S 14	S 15	S 16	S 17	S 18
O 19.274	O 19.852	O 20.447	O 21.061	O 21.693	O 22.343
S 19	S 20	S 21	S 22	S 23	
O 23.014	O 23.704	O 24.415	O 25.148	O 25.902	

METAS DIARIAS CALCULADAS DEL 3% (25.600 A 51.200 DÓLARES)

S 1	S 2	S 3	S 4	S 5	S 6
O 26.679	O 27.480	O 28.304	O 29.153	O 30.028	O 30.919
S 7	S 8	S 9	S 10	S 11	S 12
O 31.857	O 32.812	O 33.797	O 34.811	O 35.855	O 36.931
S 13	S 14	S 15	S 16	S 17	S 18
O 38.039	O 39.180	O 40.355	O 41.566	O 42.813	O 44.097
S 19	S 20	S 21	S 22	S 23	S 24
O 45.420	O 46.783	O 48.186	O 49.632	O 51.121	O 52.654

S: SESIÓN O: OBJETIVO O META

- Como observamos en los cuadros en 23 o 24 sesiones exitosas promedio del 3% se logra duplicar el capital.
- En caso de que un día no se alcance el objetivo planteado como meta se aplica el stop de pérdidas de nuestro plan y la próxima sesión de Trading se parte desde donde quedo en la cuenta con el objetivo de sesión de trading del 3%.
- Jamás se debe incrementar el monto en las operaciones para recuperarse de perdidas

METAS DIARIAS CALCULADAS DEL 3% (51.200 A 102.400 DÓLARES)

S 1	S 2	S 3	S 4	S 5	S 6
O 54.234	O 55.861	O 57537	O 59.263	O 61.041	O 62.872
S 7	S 8	S 9	S 10	S 11	S 12
O 64.758	O 66.701	O 68.702	O 70.076	O 72.179	O 74.344
S 13	S 14	S 15	S 16	S 17	S 18
O 76.574	O 78.872	O 81.238	O 83.675	O 86.185	O 88.771
S 19	S 20	S 21	S 22	S 23	
O 91.434	O 94.177	O 97.002	O 99.912	O 102.910	

S: SESIÓN O: OBJETIVO O META

- *Como observamos en los cuadros en 23 o 24 sesiones exitosas promedio del 3% se logra duplicar el capital.*
- *En caso de que un día no se alcance el objetivo planteado como meta se aplica el stop de pérdidas de nuestro plan y la próxima sesión de Trading se parte desde donde quedo en la cuenta con el objetivo de sesión de trading del 3%.*
- *Jamás se debe incrementar el monto en las operaciones para recuperarse de perdidas*

METAS DIARIAS CALCULADAS DEL 4% (100 A 200 DÓLARES)

S 1	S 2	S 3	S 4	S 5	S 6
O 104	O 108.16	O 112.48	O 116.98	O 121.66	O 126.53
S 7	S 8	S 9	S 10	S 11	S 12
O 131.59	O 136.85	O 142.32	O 148.02	O 153.94	O 160.10
S 13	S 14	S 15	S 16	S 17	S 18
O 166.50	O 173.16	O 180.09	O 187.29	O 194.78	O 202.57

METAS DIARIAS CALCULADAS DEL 4% (200 A 400 DÓLARES)

S 1	S 2	S 3	S 4	S 5	S 6
O 210.68	O 219.10	O 227.87	O 236.98	O 246.46	O 256.32
S 7	S 8	S 9	S 10	S 11	S 12
O 266.57	O 277.24	O 288.33	O 299.86	O 311.86	O 324.33
S 13	S 14	S 15	S 16	S 17	S 18
O 337.30	O 350.80	O 364.83	O 379.42	O 394.60	O 410.38

METAS DIARIAS CALCULADAS DEL 4% (400 A 800 DÓLARES)

S 1	S 2	S 3	S 4	S 5	S 6
O 426	O 443	O 461	O 480	O 499	O 519
S 7	S 8	S 9	S 10	S 11	S 12
O 540	O 561	O 584	O 607	O 631	O 657
S 13	S 14	S 15	S 16	S 17	S 18
O 683	O 710	O 739	O 768	O 799	O 831

S: SESIÓN O: OBJETIVO O META

- *Como observamos en los cuadros en solo 17 o 18 sesiones exitosas promedio del 4% se logra duplicar el capital.*
- *En caso de que un día no se alcance el objetivo planteado como meta se aplica el stop de pérdidas de nuestro plan y la próxima sesión de Trading se parte desde donde quedo en la cuenta con el objetivo de sesión de trading del 4%.*
- *Jamás se debe incrementar el monto en las operaciones para recuperarse de perdidas*

METAS DIARIAS CALCULADAS DEL 4% (800 A 1600 DÓLARES)

S 1	S 2	S 3	S 4	S 5	S 6
O 864	O 899	O 935	O 972	O 992	O 1.011
S 7	S 8	S 9	S 10	S 11	S 12
O 1.052	O 1.094	O 1.138	O 1.183	O 1.231	O 1.280
S 13	S 14	S 15	S 16	S 17	S 18
O 1.331	O 1.384	O 1.440	O 1.497	O 1.557	O 1.620

METAS DIARIAS CALCULADAS DEL 4% (1.600 A 3.200 DÓLARES)

S 1	S 2	S 3	S 4	S 5	S 6
O 1.684	O 1.752	O 1.822	O 1.895	O 1.971	O 2.049
S 7	S 8	S 9	S 10	S 11	S 12
O 2.131	O 2.217	O 2.305	O 2.398	O 2.493	O 2.593
S 13	S 14	S 15	S 16	S 17	S 18
O 2.697	O 2.805	O 2.917	O 3.034	O 3.155	O 3.281

METAS DIARIAS CALCULADAS DEL 4% (3.200 A 6.400 DÓLARES)

S 1	S 2	S 3	S 4	S 5	S 6
O 3.412	O 3.549	O 3.691	O 3.838	O 3.992	O 4.152
S 7	S 8	S 9	S 10	S 11	S 12
O 4.318	O 4.491	O 4.670	O 4.857	O 5.051	O 5.253
S 13	S 14	S 15	S 16	S 17	S 18
O 5.464	O 5.682	O 5.909	O 6.146	O 6.392	O 6.647

S: SESIÓN   O: OBJETIVO O META

- **Como observamos en los cuadros en solo 17 o 18 sesiones exitosas promedio del 4% se logra duplicar el capital.**
- **En caso de que un día no se alcance el objetivo planteado como meta se aplica el stop de pérdidas de nuestro plan y la próxima sesión de Trading se parte desde donde quedo en la cuenta con el objetivo de sesión de trading del 4%.**
- **Jamás se debe incrementar el monto en las operaciones para recuperarse de perdidas**

METAS DIARIAS CALCULADAS DEL 4% (6.400 A 12.800 DÓLARES)

S 1	S 2	S 3	S 4	S 5	S 6
O 6.913	O 6.190	O 7.477	O 7777	O 8.088	O 8.411
S 7	S 8	S 9	S 10	S 11	S 12
O 8.748	O 9.098	O 9.461	O 9.840	O 10.232	O 10.643
S 13	S 14	S 15	S 16	S 17	
O 11.069	O 11.511	O 11.972	O 12.461	O 12.949	

METAS DIARIAS CALCULADAS DEL 4% (12.800 A 25.600 DÓLARES)

S 1	S 2	S 3	S 4	S 5	S 6
O 13.467	O 14.006	O 14.566	O 15.148	O 15.754	O 16.385
S 7	S 8	S 9	S 10	S 11	S 12
O 17.040	O 17.722	O 18.431	O 19.168	O 19.934	O 20.732
S 13	S 14	S 15	S 16	S 17	S 18
O 21.561	O 22.424	O 23.321	O 24.253	O 25.224	O 26.233

METAS DIARIAS CALCULADAS DEL 4% (25.600 A 51.200 DÓLARES)

S 1	S 2	S 3	S 4	S 5	S 6
O 27.282	O 28.373	O 29.508	O 30.688	O 31.916	O 33.193
S 7	S 8	S 9	S 10	S 11	S 12
O 34.520	O 35.901	O 37.337	O 38.831	O 40.384	O 42.000
S 13	S 14	S 15	S 16	S 17	S 18
O 43.680	O 45.427	O 47.244	O 49.134	O 51.099	O 53.143

S: SESIÓN O: OBJETIVO O META

- *Como observamos en los cuadros en solo 17 o 18 sesiones exitosas promedio del 4% se logra duplicar el capital.*
- *En caso de que un día no se alcance el objetivo planteado como meta se aplica el stop de pérdidas de nuestro plan y la próxima sesión de Trading se parte desde donde quedo en la cuenta con el objetivo de sesión de trading del 4%.*
- *Jamás se debe incrementar el monto en las operaciones para recuperarse de perdidas*

METAS DIARIAS CALCULADAS DEL 4% (51.200 A 102.400 DÓLARES)

S 1	S 2	S 3	S 4	S 5	S 6
O 55.269	O 57.479	O 59.779	O 62.170	O 64.657	O 67.243
S 7	S 8	S 9	S 10	S 11	S 12
O 69.933	O 72.730	O 75.639	O 78.665	O 81.811	O 85.084
S 13	S 14	S 15	S 16	S 17	
O 88.487	O 92.027	O 95.708	O 99.536	O 103.518	

S: SESIÓN O: OBJETIVO O META

- *Como observamos en los cuadros en solo 17 o 18 sesiones exitosas promedio del 4% se logra duplicar el capital.*
- *En caso de que un día no se alcance el objetivo planteado como meta se aplica el stop de pérdidas de nuestro plan y la próxima sesión de Trading se parte desde donde quedo en la cuenta con el objetivo de sesión de trading del 4%.*
- *Jamás se debe incrementar el monto en las operaciones para recuperarse de perdidas*

METAS DIARIAS CALCULADAS DEL 5% (100 A 200 DÓLARES)

S 1	S 2	S 3	S 4	S 5	S 6
O 105	O 110.25	O 115.76	O 121.55	O 127.62	O 134
S 7	S 8	S 9	S 10	S 11	S 12
O 140.71	O 147.74	O 155.13	O 162.88	O 171.03	O 179.58
S 13	S 14	S 15			
O 188.56	O 197.99	O 207.89			

METAS DIARIAS CALCULADAS DEL 5% (200 A 400 DÓLARES)

S 1	S 2	S 3	S 4	S 5	S 6
O 218.28	O 229.20	O 240.66	O 252.69	O 265.32	O 278.59
S 7	S 8	S 9	S 10	S 11	S 12
O 292.52	O 307.15	O 322.50	O 338.63	O 355.56	O 337.34
S 13	S 14				
O 392.01	O 411.61				

METAS DIARIAS CALCULADAS DEL 5% (400 A 800 DÓLARES)

S 1	S 2	S 3	S 4	S 5	S 6
O 432	O 453	O 476	O 500	O 525	O 551
S 7	S 8	S 9	S 10	S 11	S 12
O 579	O 608	O 638	O 670	O 703	O 739
S 13	S 14				
O 776	O 814				

S: SESIÓN O: OBJETIVO O META

- *Como observamos en el cuadro en 14-15 sesiones exitosas promedio del 5% se logra duplicar el capital.*
- *En caso de que un día no se alcance el objetivo planteado como meta se aplica el stop de pérdidas de nuestro plan y la próxima sesión de Trading se parte desde donde quedo en la cuenta con el objetivo de sesión de trading del 5%.*
- *Jamás se debe incrementar el monto en las operaciones para recuperarse de perdidas*

METAS DIARIAS CALCULADAS DEL 5% (800 A 1600 DÓLARES)

S 1	S 2	S 3	S 4	S 5	S 6
O 855	O 898	O 943	O 990	O 1.040	O 1.092
S 7	S 8	S 9	S 10	S 11	S 12
O 1.146	O 1.204	O 1.264	O 1.327	O 1.393	O 1.463
S 13	S 14				
O 1.536	O 1.613				

METAS DIARIAS CALCULADAS DEL 5% (1.600 A 3.200 DÓLARES)

S 1	S 2	S 3	S 4	S 5	S 6
O 1694	O 1.762	O 1.797	O 1.887	O 1.981	O 2.080
S 7	S 8	S 9	S 10	S 11	S 12
O 2.184	O 2.293	O 2.408	O 2.528	O 2.655	O 2.788
S 13	S 14	S 15			
O 2.927	O 3.073	O 3.227			

METAS DIARIAS CALCULADAS DEL 5% (3.200 A 6.400 DÓLARES)

S 1	S 2	S 3	S 4	S 5	S 6
O 3.389	O 3.558	O 3.736	O 3.923	O 4.119	O 4.325
S 7	S 8	S 9	S 10	S 11	S 12
O 4.541	O 4.768	O 5.007	O 5.257	O 5.520	O 5.796
S 13	S 14	S 15			
O 6.086	O 6.390	O 6.710			

S: SESIÓN O: OBJETIVO O META

- *Como observamos en el cuadro en 14-15 sesiones exitosas promedio del 5% se logra duplicar el capital.*
- *En caso de que un día no se alcance el objetivo planteado como meta se aplica el stop de pérdidas de nuestro plan y la próxima sesión de Trading se parte desde donde quedo en la cuenta con el objetivo de sesión de trading del 5%.*
- *Jamás se debe incrementar el monto en las operaciones para recuperarse de perdidas*

METAS DIARIAS CALCULADAS DEL 5% (6.400 A 12.800 DÓLARES)

S 1	S 2	S 3	S 4	S 5	S 6
O 7.045	O 7.397	O 7.767	O 8.156	O 8.563	O 8.992
S 7	S 8	S 9	S 10	S 11	S 12
O 9.441	O 9.913	O 10.409	O 10.929	O 11.476	O 12.050
S 13	S 14				
O 12.652	O 13.285				

METAS DIARIAS CALCULADAS DEL 5% (12.800 A 25.600 DÓLARES)

S 1	S 2	S 3	S 4	S 5	S 6
O 13.949	O 14.647	O 15.379	O 16.148	O 16.955	O 17.803
S 7	S 8	S 9	S 10	S 11	S 12
O 18.693	O 19.628	O 20.609	O 21.640	O 22.722	O 23.858
S 13	S 14				
O 25.051	O 26.304				

METAS DIARIAS CALCULADAS DEL 5% (25.600 A 51.200 DÓLARES)

S 1	S 2	S 3	S 4	S 5	S 6
O 27.619	O 29.000	O 30.450	O 31.972	O 33.571	O 35.250
S 7	S 8	S 9	S 10	S 11	S 12
O 37.012	O 38.863	O 40.806	O 42.846	O 44.989	O 47.238
S 13	S 14				
O 49.600	O 52.080				

S: SESIÓN O: OBJETIVO O META

- *Como observamos en el cuadro en 15 sesiones exitosas promedio del 5% se logra duplicar el capital.*
- *En caso de que un día no se alcance el objetivo planteado como meta se aplica el stop de pérdidas de nuestro plan y la próxima sesión de Trading se parte desde donde quedo en la cuenta con el objetivo de sesión de trading del 5%.*
- *Jamás se debe incrementar el monto en las operaciones para recuperarse de perdidas*

METAS DIARIAS CALCULADAS DEL 5% (51.200 A 102.400 DÓLARES)

S 1	S 2	S 3	S 4	S 5	S 6
O 54.684	O 57.418	O 60.289	O 63.304	O 66.469	O 69.792
S 7	S 8	S 9	S 10	S 11	S 12
O 73.282	O 76.946	O 81.563	O 85.641	O 89.923	O 94.419
S 13	S 14				
O 99.140	O 104.09				

S: SESIÓN O: OBJETIVO O META

- *Como observamos en el cuadro en 15 sesiones exitosas promedio del 5% se logra duplicar el capital.*
- *En caso de que un día no se alcance el objetivo planteado como meta se aplica el stop de pérdidas de nuestro plan y la próxima sesión de Trading se parte desde donde quedo en la cuenta con el objetivo de sesión de trading del 5%.*
- *Jamás se debe incrementar el monto en las operaciones para recuperarse de perdidas*

METAS DIARIAS CALCULADAS DEL 6% (100 A 200 DÓLARES)

S 1	S 2	S 3	S 4	S 5	S 6
O 106	O 112.36	O 119.10	O 126.24	O 133.82	O 141.82
S 7	S 8	S 9	S 10	S 11	S 12
O 150.36	O 159.38	O 168.94	O 179.08	O 189.82	O 201.21

METAS DIARIAS CALCULADAS DEL 6% (200 A 400 DÓLARES)

S 1	S 2	S 3	S 4	S 5	S 6
O 213.29	O 226.09	O 239.55	O 254.03	O 269.27	O 285.43
S 7	S 8	S 9	S 10	S 11	S 12
O 302.55	O 320.71	O 339.95	O 360.35	O 381.97	O 404.89

METAS DIARIAS CALCULADAS DEL 6% (400 A 800 DÓLARES)

S 1	S 2	S 3	S 4	S 5	S 6
O 429	O 454	O 482	O 511	O 541	O 574
S 7	S 8	S 9	S 10	S 11	S 12
O 608	O 645	O 684	O 725	O 768	O 814

METAS DIARIAS CALCULADAS DEL 6% (800 A 1600 DÓLARES)

S 1	S 2	S 3	S 4	S 5	S 6
O 863	O 915	O 970	O 1.028	O 1.090	O 1.155
S 7	S 8	S 9	S 10	S 11	S 12
O 1.225	O 1.298	O 1.376	O 1.459	O 1.546	O 1.639

S: SESIÓN O: OBJETIVO O META

- *Como observamos en el cuadro en 12 sesiones exitosas promedio del 6% se logra duplicar el capital.*
- *En caso de que un día no se alcance el objetivo planteado como meta se aplica el stop de pérdidas de nuestro plan y la próxima sesión de Trading se parte desde donde quedo en la cuenta con el objetivo de sesión de trading del 6%.*
- *Jamás se debe incrementar el monto en las operaciones para recuperarse de perdidas*

METAS DIARIAS CALCULADAS DEL 6% (1.600 A 3.200 DÓLARES)

S 1	S 2	S 3	S 4	S 5	S 6
O 1.737	O 1.842	O 1.952	O 2.069	O 2.193	O 2.325
S 7	S 8	S 9	S 10	S 11	S 12
O 2.465	O 2.612	O 2.769	O 2.935	O 3.112	O 3.298

METAS DIARIAS CALCULADAS DEL 6% (3.200 A 6.400 DÓLARES)

S 1	S 2	S 3	S 4	S 5	S 6
O 3.706	O 3.928	O 4.164	O 4.414	O 4.679	O 4.960
S 7	S 8	S 9	S 10	S 11	
O 5.257	O 5.573	O 5.907	O 6.262	O 6.637	

METAS DIARIAS CALCULADAS DEL 6% (6.400 A 12.800 DÓLARES)

S 1	S 2	S 3	S 4	S 5	S 6
O 7.036	O 7.458	O 7.905	O 8.380	O 8.882	O 9.415
S 7	S 8	S 9	S 10	S 11	S 12
O 9.980	O 10.579	O 11.214	O 11.887	O 12.600	O 13.356

METAS DIARIAS CALCULADAS DEL 6% (12.800 A 25.600 DÓLARES)

S 1	S 2	S 3	S 4	S 5	S 6
O 14.157	O 15.007	O 15.907	O 16.862	O 17.874	O 18.946
S 7	S 8	S 9	S 10	S 11	S 12
O 20.083	O 21.288	O 22.565	O 23.919	O 25.354	O 26.875

S: SESIÓN   O: OBJETIVO O META

- *Como observamos en el cuadro en 12 sesiones exitosas promedio del 6% se logra duplicar el capital.*
- *En caso de que un día no se alcance el objetivo planteado como meta se aplica el stop de pérdidas de nuestro plan y la próxima sesión de Trading se parte desde donde quedo en la cuenta con el objetivo de sesión de trading del 6%.*
- *Jamás se debe incrementar el monto en las operaciones para recuperarse de perdidas*

METAS DIARIAS CALCULADAS DEL 6% (25.600 A 51.200 DÓLARES)

S 1	S 2	S 3	S 4	S 5	S 6
O 28.487	O 30.197	O 32.009	O 33.929	O 35.965	O 38.123
S 7	S 8	S 9	S 10	S 11	S 12
O 40.410	O 42.835	O 45.405	O 44.129	O 51.017	O 54.078

METAS DIARIAS CALCULADAS DEL 6% (51.200 A 102.400 DÓLARES)

S 1	S 2	S 3	S 4	S 5	S 6
O 57.323	O 60.762	O 64.408	O 68.272	O 72.369	O 76.711
S 7	S 8	S 9	S 10	S 11	
O 81.314	O 86.193	O 91.364	O 96.846	O 102.657	

S: SESIÓN   O: OBJETIVO O META

- *Como observamos en el cuadro en 12 sesiones exitosas promedio del 6% se logra duplicar el capital.*
- *En caso de que un día no se alcance el objetivo planteado como meta se aplica el stop de pérdidas de nuestro plan y la próxima sesión de Trading se parte desde donde quedo en la cuenta con el objetivo de sesión de trading del 6%.*
- *Jamás se debe incrementar el monto en las operaciones para recuperarse de perdidas*

LIMITES PARA SER RENTABLES: STOP LOSS Y STOP WIN

"Una persona que maneja en un auto nuevo y lo siente cómodo y muy seguro probablemente experimente un exceso de confianza que no sea realmente lo mejor para manejar y si no tiene control y disciplina de sus emociones probablemente comience a acelerar y manejar más allá de los límites permitidos hasta tener un accidente".

"Por otro lado una persona contraria a la anterior que maneja un auto nuevo en una carretera donde hay una velocidad mínima permitida y maneja con miedo a muy baja velocidad es casi seguro que sea embestida o tenga un accidente con otro vehículo".

Estos ejemplos los pongo para ejemplificar claramente dos situaciones similares que suceden a menudo en el trading:

"El exceso de confianza y el miedo"

Estos son dos causales frecuentes de los Traders que pierden consistentemente.

Un Trader que quiera ser rentable debe tener confianza en su estrategia y plan de trading y seguirlo disciplinadamente, pero jamás debe tener excesiva confianza porque lo puede llevar a sufrir grandes pérdidas.

Otra aptitud del Trader debe ser la seguridad en lo que hace, sin tener miedo pero usando la precaución en sus operaciones porque sabe perfectamente que termina ganando aquel que pierde menos.

LIMITES QUE HAY QUE TENER CLAROS EN EL TRADING

Los Traders deben tener bien claro sus límites para operar ganando o perdiendo y deben respetarlos porque es la única forma de parar las perdidas en una racha negativa o de evitar operar con una excesiva confianza en las rachas positivas y perder lo que ya se gano con anterioridad.

STOP LOOS O STOP DE PÉRDIDAS

El stop de pérdidas es el límite de pérdidas que usamos como referencia para dejar de operar, porque posiblemente no estemos en nuestro mejor día o emocionalmente estamos operando mal y seguir operando atentara contra nuestra cuenta por las malas decisiones que podemos llegar a tomar.

STOP DIARIO

Es el límite diario para dejar de operar en el día. que no necesariamente se expresa en perdidas sino que puede expresarse en tiempo o cantidad de operaciones.

TIPOS DE STOP DE PERDIDAS DIARIOS

STOP LOSS	FUNDAMENTACIÓN
STOP LOSS DE TIEMPO	Consiste en operar determinado tiempo por día independientemente de los resultados de nuestras operaciones. Por ejemplo: Operar solo 60 minutos diarios.
STOP LOSS DE OPERACIONES	Consiste en operar determinado número de operaciones por día independientemente de los resultados de nuestras operaciones. Por ejemplo: Realizar solo 50 operaciones al día.
STOP LOSS DE OPERACIONES PERDIDAS	Consiste en establecer una diferencia entre operaciones perdedoras sobre las ganadoras como límite para dejar de operar. Por ejemplo: Dejar de operar cuando alcanzamos una diferencia de -5 operaciones perdidas hasta el próximo día
STOP LOOS DE PERDIDAS PORCENTUAL	Consiste en establecer un porcentaje fijo de pérdidas diarias que al alcanzarlo sea el indicador de no poder operar más en el día. Por ejemplo: Si nuestra cuenta de trading llega al -5% dejamos de operar hasta el próximo día.
STOP LOSS DE META CONTRARIA	Consiste en dejar de operar cuando llegamos a una pérdida contraria a nuestra meta diaria. Por ejemplo: Si nuestra meta diaria es alcanzar un +6% pero al contrario perdemos un -6% de nuestra cuenta dejamos automáticamente de operar hasta el próximo día.
STOP COMBINADOS	Consiste en usar dos tipos de stop al mismo tiempo Por ejemplo usar un stop de tiempo diario (60 minutos al día) y de operaciones pérdidas, cuando se cumple cualquiera de los dos se deja de operar.

CUADRO DE STOP LOSS DIARIO

STOP LOSS	VARIANTES
STOP LOSS DE TIEMPO	20 MINUTOS AL DÍA 30 MINUTOS AL DÍA 40 MINUTOS AL DIA 50 MINUTOS AL DÍA 60 MINUTOS AL DÍA Puede aplicarse todo el tiempo junto o separarse en hasta tres sesiones distintas de trading diarias
STOP LOSS DE OPERACIONES	20, 30. 40, 50, 60 o 70 se selecciona un valor de operaciones al día y al cumplirlo se deja de operar
STOP LOSS DE OPERACIONES PERDIDAS	Se deja de operar al llegar a una diferencia de operaciones perdidas pautadas con anterioridad. Por ejemplo: -4, -5, -6, -7, -8, -9, -10 operaciones perdidas (Se selecciona un límite previamente)
STOP LOSS DE PERDIDAS PORCENTUALES	Se deja de operar cuando se alcanza una perdida porcentual determinada de la cuenta pautada previamente: -3%, -4%, -5%, -6%, -7%,-8%,-9%, -10% (Se selecciona solo un porcentaje de perdidas como stop del día de Trading)
STOP LOSS DE META CONTRARIA	Se deja de operar si en lugar de lograr la meta se llega a un porcentaje negativo contrario igual a la meta establecida. Por ejemplo Meta 2% Stop -2%, Meta 3% Stop -3%, Meta 4% Stop -4%, Meta 5% Stop -5%, Meta 6% Stop -6%.
STOP COMBINADOS	Se pueden combinar y usar al mismo tiempo varios tipos de stop, usándose el que se dispare primero: COMBINACIONES DE STOP COMBINADOS STOP LOSS DE TIEMPO Y OPERACIONES STOP LOSS DE TIEMPO Y OPERACIONES PERDIDAS STOP LOSS DE TIEMPO, OPERACIONES Y OPERACIONES PERDIDAS (O SOLO DOS) STOP LOSS DE TIEMPO, OPERACIONES Y PERDIDA PORCENTUAL STOP LOSS DE TIEMPO, OPERACIONES Y META CONTRARIA

TIPOS DE STOP DE GANANCIAS DIARIOS

STOP WIN	FUNDAMENTACIÓN
STOP WIN DE TIEMPO	*Consiste en operar determinado tiempo por día independientemente de los resultados de nuestras operaciones.* *Por ejemplo: Operar solo 60 minutos diarios, cuando se llega a este límite se deja de operar hasta el próximo día.*
STOP WIN DE OPERACIONES	*Consiste en operar determinado número de operaciones por día independientemente de los resultados de nuestras operaciones.* *Por ejemplo: Realizar solo 50 operaciones al día, cuando se llega a este límite se deja de operar hasta el próximo día.*
STOP WIN DE OPERACIONES GANADAS	*Consiste en establecer una diferencia entre operaciones ganadoras sobre las perdedoras como límite para dejar de operar.* *Por ejemplo: Dejar de operar cuando alcanzamos una diferencia de +5 operaciones ganadas, hasta el próximo día.* *Ideal para los que pecan de exceso de confianza*
STOP WIN DE GANANCIAS PORCENTUAL	*Consiste en establecer un porcentaje fijo de ganancias diarias que al alcanzarlo sea el indicador de no poder operar más en el día.* *Por ejemplo: Si nuestra cuenta de trading llega al +5%, dejamos de operar hasta el próximo día.* *Ideal para los que pecan de exceso de confianza*
STOP WIN DE META DOBLE	*Consiste en dejar de operar cuando llegamos a una ganancia doble a nuestra meta diaria.* *Por ejemplo: Si nuestra meta diaria es alcanzar un +6% pero logramos un +12% de nuestra cuenta, dejamos automáticamente de operar hasta el próximo día.*
STOP COMBINADOS	*Consiste en usar dos tipos de stop al mismo tiempo* *Por ejemplo usar un stop de tiempo diario (60 minutos al día) y de operaciones ganadas, cuando se cumple cualquiera de los dos se deja de operar hasta el próximo día.*

CUADRO DE STOP WIN DIARIO

STOP WIN	VARIANTES
STOP WIN DE TIEMPO	20 MINUTOS AL DÍA 30 MINUTOS AL DÍA 40 MINUTOS AL DIA 50 MINUTOS AL DÍA 60 MINUTOS AL DÍA Puede aplicarse todo el tiempo junto o separarse en tres has tres sesiones distintas de trading diarias
STOP WIN DE OPERACIONES	20, 30. 40, 50, 60 o 70 se selecciona un valor de operaciones al día y al cumplirlo se deja de operar
STOP WIN DE OPERACIONES PERDIDAS	Se deja de operar al llegar a una diferencia de operaciones ganadas pautadas con anterioridad. Por ejemplo: +4, +5, +6, +7, +8, +9, +10 operaciones ganadas (Se selecciona un límite previamente)
STOP WIN DE GANANCIAS PORCENTUALES	Se deja de operar cuando se alcanza una ganancia porcentual determinada de la cuenta pautada previamente: +3%, +4%, +5%, +6%, +7%,+8%,+9%, +10% (Se selecciona solo un porcentaje de ganancias como stop del día de Trading)
STOP WIN DE META DOBLE	Se deja de operar si se alcanza el doble de la meta establecida. Por ejemplo Meta 2% Stop +4%, Meta 3% Stop +6%, Meta 4% Stop +8%, Meta 5% Stop +10%, Meta 6% Stop +12%.
STOP COMBINADOS	Se pueden combinar y usar al mismo tiempo varios tipos de stop, usándose el que se dispare primero: COMBINACIONES DE STOP COMBINADOS STOP WIN DE TIEMPO Y OPERACIONES STOP WIN DE TIEMPO Y OPERACIONES GANADAS STOP WIN DE TIEMPO, OPERACIONES Y OPERACIONES GANADAS (O SOLO DOS) STOP WIN DE TIEMPO Y OPERACIONES Y GANANCIA PORCENTUAL STOP WIN DE TIEMPO, OPERACIONES Y META DOBLE.

TIPOS DE STOP DE PÉRDIDAS SEMANALES

STOP LOSS	FUNDAMENTACIÓN
STOP LOSS DE TIEMPO	Consiste en operar determinado tiempo por semana independientemente de los resultados de nuestras operaciones. Por ejemplo: Operar solamente 7 horas semanales, cuando se llega a este límite se deja de operar hasta la próxima semana.
STOP LOSS DE OPERACIONES	Consiste en operar determinado número de operaciones por semana independientemente de los resultados de nuestras operaciones. Por ejemplo: Realizar solamente 400 operaciones a la semana, cuando se llega a este límite se deja de operar hasta la próxima semana.
STOP LOSS DE OPERACIONES PERDIDAS	Consiste en establecer una diferencia entre operaciones perdedoras sobre las ganadoras semanalmente como límite para dejar de operar. Por ejemplo: Dejar de operar cuando alcanzamos una diferencia de -25 operaciones perdidas, cuando se llega a este límite se deja de operar hasta la próxima semana.
STOP LOOS DE PERDIDAS PORCENTUAL	Consiste en establecer un porcentaje fijo de perdidas semanales que al alcanzarlo sea el indicador de no poder operar más en la semana Por ejemplo: Si nuestra cuenta de trading llega al -15% dejamos de operar hasta la próxima semana.
STOP LOSS DE META CONTRARIA	Consiste en dejar de operar cuando llegamos a una pérdida contraria a nuestra meta semanal. Por ejemplo: Si nuestra meta semanal es alcanzar un +15% pero al contrario perdemos un -15% de nuestra cuenta dejamos automáticamente de operar hasta la próxima semana.
STOP COMBINADOS	Consiste en usar dos tipos de stop al mismo tiempo Por ejemplo usar un stop de tiempo semanal de 7 horas y de operaciones pérdidas, cuando se cumple cualquiera de los dos se deja de operar hasta la próxima semana.

CUADRO DE STOP LOSS SEMANAL

STOP LOSS	VARIANTES
STOP LOSS DE TIEMPO	140 MINUTOS A LA SEMANA 210 MINUTOS A LA SEMANA 280 MINUTOS A LA SEMANA 350 MINUTOS A LA SEMANA 420 MINUTOS A LA SEMANA *Este tiempo semanal se divide equitativamente en las sesiones distintas de trading diarias*
STOP LOSS DE OPERACIONES	*140, 210. 280, 350, 420 o 490 se selecciona un valor de operaciones a la semana y al cumplirlo se deja de operar hasta la próxima semana*
STOP LOSS DE OPERACIONES PERDIDAS	*Se deja de operar al llegar a una diferencia de operaciones perdidas pautadas con anterioridad. Por ejemplo: -28, -35, -42 operaciones perdidas en la semana (Se selecciona un límite previamente)*
STOP LOSS DE PERDIDAS PORCENTUALES	*Se deja de operar cuando se alcanza una perdida porcentual semanal determinada de la cuenta pautada previamente: -10%, -12%, -15%, -20% (Se selecciona solo un porcentaje de perdidas semanales como stop semanal de Trading)*
STOP LOSS DE META CONTRARIA	*Se deja de operar si en lugar de lograr la meta semanal se llega a un porcentaje negativo contrario igual a la meta establecida. Por ejemplo Meta 7% Stop -7%, Meta 8% Stop -8%, Meta 9% Stop -9%, Meta 10% Stop -10%.*
STOP COMBINADOS	*Se pueden combinar y usar al mismo tiempo varios tipos de stop, usándose el que se dispare primero:* *COMBINACIONES DE STOP COMBINADOS* *STOP LOSS DE TIEMPO Y OPERACIONES* *STOP LOSS DE TIEMPO Y OPERACIONES PERDIDAS* *STOP LOSS DE TIEMPO, OPERACIONES Y OPERACIONES PERDIDAS (O SOLO DOS)* *STOP LOSS DE TIEMPO, OPERACIONES Y PERDIDA PORCENTUAL* *STOP LOSS DE TIEMPO, OPERACIONES Y META CONTRARIA*

TIPOS DE STOP DE GANANCIAS SEMANAL

STOP WIN	FUNDAMENTACIÓN
STOP WIN DE TIEMPO	Consiste en operar determinado tiempo por semana independientemente de los resultados de nuestras operaciones. Por ejemplo: Operar 7 horas semanales, cuando se llega a este límite se deja de operar hasta la próxima semana.
STOP WIN DE OPERACIONES	Consiste en operar determinado número de operaciones por semana independientemente de los resultados de nuestras operaciones. Por ejemplo: Realizar 400 operaciones por semana, cuando se llega a este límite se deja de operar hasta la próxima semana.
STOP WIN DE OPERACIONES GANADAS	Consiste en establecer una diferencia entre operaciones ganadoras sobre las perdedoras como límite para dejar de operar. Por ejemplo: Dejar de operar cuando alcanzamos una diferencia de +25 operaciones ganadas hasta la próxima semana. Ideal para los que pecan de exceso de confianza
STOP WIN DE GANANCIAS PORCENTUAL	Consiste en establecer un porcentaje fijo de ganancias semanales que al alcanzarlo sea el indicador de no poder operar más en la semana. Por ejemplo: Si nuestra cuenta de trading llega al +15% dejamos de operar hasta la próxima semana. Ideal para los que pecan de exceso de confianza
STOP WIN DE META DOBLE	Consiste en dejar de operar cuando llegamos a una ganancia doble a nuestra meta semanal. Por ejemplo: Si nuestra meta semanal es alcanzar un +15% pero logramos un +30% de nuestra cuenta dejamos automáticamente de operar hasta la próxima semana.
STOP COMBINADOS	Consiste en usar dos tipos de stop al mismo tiempo Por ejemplo usar un stop de tiempo semanal de 7 horas y de operaciones ganadas, cuando se cumple cualquiera de los dos se deja de operar hasta la próxima semana.

CUADRO DE STOP WIN SEMANAL

STOP WIN	VARIANTES
STOP WIN DE TIEMPO	140 MINUTOS A LA SEMANA 210 MINUTOS A LA SEMANA 280 MINUTOS A LA SEMANA 350 MINUTOS A LA SEMANA 420 MINUTOS A LA SEMANA El tiempo debe separarse equitativamente en las distintas sesiones de trading diarias
STOP WIN DE OPERACIONES	140, 210. 280, 350, 420 o 350 se selecciona un valor de operaciones semanales y al cumplirlo se deja de operar hasta la próxima semana.
STOP WIN DE OPERACIONES PERDIDAS	Se deja de operar al llegar a una diferencia de operaciones ganadas pautadas con anterioridad. Por ejemplo: +28, +35, +42, +49, +56, +63, +70 operaciones ganadas (Se selecciona un límite previamente)
STOP WIN DE GANANCIAS PORCENTUALES	Se deja de operar cuando se alcanza una ganancia porcentual semanal determinada de la cuenta pautada previamente: +21%, +28%, +35%, +42%, +49%,+56%,+63%, +70% (Se selecciona solo un porcentaje de ganancias como stop del semanal de Trading)
STOP WIN DE META DOBLE	Se deja de operar si se alcanza el doble de la meta establecida. Por ejemplo Meta 10% Stop +20%, Meta 12% Stop +24%, Meta 14% Stop +28%, Meta 16% Stop +32%, Meta 18% Stop +36%.
STOP COMBINADOS	Se pueden combinar y usar al mismo tiempo varios tipos de stop, usándose el que se dispare primero: COMBINACIONES DE STOP COMBINADOS STOP WIN DE TIEMPO Y OPERACIONES STOP WIN DE TIEMPO Y OPERACIONES GANADAS STOP WIN DE TIEMPO, OPERACIONES Y OPERACIONES GANADAS (O SOLO DOS) STOP WIN DE TIEMPO Y OPERACIONES Y GANANCIA PORCENTUAL STOP WIN DE TIEMPO, OPERACIONES Y META DOBLE.

TIPOS DE STOP DE PÉRDIDAS MENSUALES

STOP LOSS	FUNDAMENTACIÓN
STOP LOSS DE TIEMPO	Consiste en operar determinado tiempo por mes independientemente de los resultados de nuestras operaciones. Por ejemplo: Operar solamente 30 horas mensuales, cuando se llega a este límite se deja de operar hasta el próximo mes.
STOP LOSS DE OPERACIONES	Consiste en operar determinado número de operaciones por mes independientemente de los resultados de nuestras operaciones. Por ejemplo: Realizar 2000 operaciones al mes, cuando se llega a este límite se deja de operar hasta el próximo mes.
STOP LOSS DE OPERACIONES PERDIDAS	Consiste en establecer una diferencia entre operaciones perdedoras sobre las ganadoras mensualmente como límite para dejar de operar. Por ejemplo: Dejar de operar cuando alcanzamos una diferencia de -50 operaciones perdidas, cuando se llega a este límite se deja de operar hasta el próximo mes.
STOP LOOS DE PERDIDAS PORCENTUAL	Consiste en establecer un porcentaje fijo de pérdidas mensuales que al alcanzarlo sea el indicador de no poder operar más en el mes. Por ejemplo: Si nuestra cuenta de trading llega al -30% dejamos de operar hasta el próximo mes.
STOP LOSS DE META CONTRARIA	Consiste en dejar de operar cuando llegamos a una pérdida contraria a nuestra meta mensual. Por ejemplo: Si nuestra meta mensual es alcanzar un +30% pero al contrario perdemos un -30% de nuestra cuenta dejamos automáticamente de operar hasta el próximo mes.
STOP COMBINADOS	Consiste en usar dos tipos de stop al mismo tiempo Por ejemplo usar un stop de tiempo mensual de 30 horas y de operaciones pérdidas, cuando se cumple cualquiera de los dos se deja de operar hasta el próximo mes.

CUADRO DE STOP LOSS MENSUAL

STOP LOSS	VARIANTES
STOP LOSS DE TIEMPO	**20 HORAS AL MES** **22 HORAS AL MES** **24 HORAS AL MES** **27 HORAS AL MES** **30 HORAS AL MES** *Este tiempo mensual se divide equitativamente en las sesiones distintas de trading diarias*
STOP LOSS DE OPERACIONES	*1000, 1200, 1400, 1600, 1800, 2000 se selecciona un valor de operaciones al mes y al cumplirlo se deja de operar hasta el próximo mes.*
STOP LOSS DE OPERACIONES PERDIDAS	*Se deja de operar al llegar a una diferencia de operaciones perdidas pautadas con anterioridad. Por ejemplo: -50 -60 -70 operaciones perdidas en la semana (Se selecciona un límite previamente)*
STOP LOSS DE PERDIDAS PORCENTUALES	*Se deja de operar cuando se alcanza una perdida porcentual mensual determinada de la cuenta pautada previamente: -20%,-25%, -30%, -35% (Se selecciona solo un porcentaje de perdidas mensuales como stop mensual de Trading)*
STOP LOSS DE META CONTRARIA	*Se deja de operar si en lugar de lograr la meta mensual se llega a un porcentaje negativo contrario igual a la meta establecida. Por ejemplo Meta 20% Stop -20%, Meta 25% Stop -25%, Meta 30% Stop -30%, Meta 35% Stop -35%.*
STOP COMBINADOS	*Se pueden combinar y usar al mismo tiempo varios tipos de stop, usándose el que se dispare primero:* **COMBINACIONES DE STOP COMBINADOS** **STOP LOSS DE TIEMPO Y OPERACIONES** **STOP LOSS DE TIEMPO Y OPERACIONES PERDIDAS** **STOP LOSS DE TIEMPO, OPERACIONES Y OPERACIONES PERDIDAS (O SOLO DOS)** **STOP LOSS DE TIEMPO, OPERACIONES Y PERDIDA PORCENTUAL** **STOP LOSS DE TIEMPO, OPERACIONES Y META CONTRARIA**

TIPOS DE STOP DE GANANCIAS MENSUALES

STOP WIN	FUNDAMENTACIÓN
STOP WIN DE TIEMPO	Consiste en operar determinado tiempo por mes independientemente de los resultados de nuestras operaciones. Por ejemplo: Operar solamente 30 horas mensuales, cuando se llega a este límite se deja de operar hasta el próximo mes.
STOP WIN DE OPERACIONES	Consiste en operar determinado número de operaciones por mes independientemente de los resultados de nuestras operaciones. Por ejemplo: Realizar 2000 operaciones por mes, cuando se llega a este límite se deja de operar hasta el próximo mes.
STOP WIN DE OPERACIONES GANADAS	Consiste en establecer una diferencia entre operaciones ganadoras sobre las perdedoras como límite para dejar de operar. Por ejemplo: Dejar de operar cuando alcanzamos una diferencia de +100 operaciones ganadas, hasta el próximo mes. Ideal para los que pecan de exceso de confianza
STOP WIN DE GANANCIAS PORCENTUAL	Consiste en establecer un porcentaje fijo de ganancias mensuales que al alcanzarlo sea el indicador de no poder operar más en el mes. Por ejemplo: Si nuestra cuenta de trading llega al +50% dejamos de operar hasta el próximo mes. Ideal para los que pecan de exceso de confianza
STOP WIN DE META DOBLE	Consiste en dejar de operar cuando llegamos a una ganancia doble a nuestra meta mensual. Por ejemplo: Si nuestra meta mensual es alcanzar un +50% pero logramos un +100% de nuestra cuenta dejamos automáticamente de operar hasta el próximo mes.
STOP COMBINADOS	Consiste en usar dos tipos de stop al mismo tiempo Por ejemplo usar un stop de tiempo mensual de 30 horas y de operaciones ganadas, cuando se cumple cualquiera de los dos se deja de operar hasta el próximo mes.

CUADRO DE STOP WIN MENSUAL

STOP WIN	VARIANTES
STOP WIN DE TIEMPO	20 HORAS AL MES 23 HORAS AL MES 26 HORAS AL MES 28 HORAS AL MES 30 HORAS AL MES El tiempo debe separarse equitativamente en las distintas sesiones de trading diarias
STOP WIN DE OPERACIONES	1000, 1200, 1400, 1600, 1800, 2000 se selecciona un valor de operaciones mensuales y al cumplirlo se deja de operar hasta el próximo mes.
STOP WIN DE OPERACIONES PERDIDAS	Se deja de operar al llegar a una diferencia de operaciones ganadas pautadas con anterioridad. Por ejemplo: +70, +80, +90, +100 operaciones ganadas (Se selecciona un límite previamente)
STOP WIN DE GANANCIAS PORCENTUALES	Se deja de operar cuando se alcanza una ganancia porcentual mensual determinada de la cuenta pautada previamente: +50%, +55%, +60%, +65%, +70%,+75%,+80%, +85% (Se selecciona solo un porcentaje de ganancias como stop del mensual de Trading)
STOP WIN DE META DOBLE	Se deja de operar si se alcanza el doble de la meta establecida. Por ejemplo Meta 25% Stop +50%, Meta 30% Stop +60%, Meta 35% Stop +70%, Meta 40% Stop +80%, Meta 45% Stop +90%.
STOP COMBINADOS	Se pueden combinar y usar al mismo tiempo varios tipos de stop, usándose el que se dispare primero: COMBINACIONES DE STOP COMBINADOS STOP WIN DE TIEMPO Y OPERACIONES STOP WIN DE TIEMPO Y OPERACIONES GANADAS STOP WIN DE TIEMPO, OPERACIONES Y OPERACIONES GANADAS (O SOLO DOS) STOP WIN DE TIEMPO Y OPERACIONES Y GANANCIA PORCENTUAL STOP WIN DE TIEMPO, OPERACIONES Y META DOBLE.

CURSO IQ TRADING
MÓDULO 3
OPCIONES BINARIAS MAESTRAS

DESCUBRE LAS 18 ESTRATEGIAS PROBABILISTICAS PARA TRIUNFAR EN EL TRADING

Optimiza tus inversiones y multiplica tus beneficios: estrategias comprobadas que transformarán tu éxito en opciones binarias

IGOR QUZ
Ediciones IQ

CAPÍTULO 4

TESTEO Y TABLAS PARA COMPROBAR LA EFECTIVIDAD DE LAS ESTRATEGIAS DE TRADING

Muchas personas se inician en el Trading sin una estrategia ganadora, y cuando digo estrategia ganadora no me refiero a que gane siempre sino a que tenga una mayor probabilidad de éxito, que se gane más veces de las que se pierde.

Para comprobar efectivamente si una estrategia es ganadora o no hay que tener en cuenta determinados puntos clave fundamentales:

- *La ley de los grandes números*
- *La esperanza matemática*

LEY DE LOS GRANDES NÚMEROS

Para comprobar una estrategia de Trading es absolutamente necesario verificarla en un gran número de operaciones, ya que la cantidad de operaciones es la que va a determinar la certeza o efectividad de nuestra estrategia de Trading.

Una estrategia que se intenta comprobar unas pocas veces no puede ser comprobada ya que unas pocas operaciones no aportan el resultado veraz de la efectividad de nuestra estrategia.

En este sentido es necesario aplicar la ley de los grandes números para verificar cuan efectiva o no es una estrategia.

Pongamos un ejemplo para entender mejor:

- En un casino si jugaras una vez a la ruleta existe 50% de que salga un número par y otro 50% de que salga un número impar.
- Si hicieras tan solo unas 10 jugadas los resultados serán inciertos y no se aproximaran a ese 50% por opción.

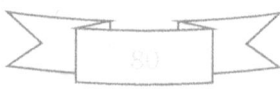

- Si hicieras unas 100 jugadas existe una mayor probabilidad de acercarse un poco más a la probabilidad del 50% por opción, aunque los resultados pueden variar por las pocas jugadas.
- Si hicieras 1.000 jugadas existe una aun mayor probabilidad de acercarse a ese 50% de probabilidad por opción.
- Si hicieras 10.000 jugadas existe la certeza de que los resultados estarán más cerca de ese 50% por opción que con cualquier otra alternativa de menos jugadas.

La ley de los grandes números explica como los resultados porcentuales se dan con mucha certeza en un gran número de operaciones, por lo cual para verificar la efectividad de nuestra estrategia es necesario corroborarla en un gran número de operaciones.

CUADRO DE EFECTIVIDAD DE ESTRATEGIAS COMPROBADA SEGÚN LA LEY DE LOS GRANDES NÚMEROS

CANTIDAD DE OPERACIONES COMPROBADAS	PUNTAJE SEGÚN LEY DE LOS GRANDES NÚMEROS
0 A 10 OPERACIONES	0 PUNTOS
10 A 20 OPERACIONES	1 PUNTO
20 A 40 OPERACIONES	2 PUNTOS
40 A 80 OPERACIONES	3 PUNTOS
80 A 160 0PERACIONES	4 PUNTOS
160 A 320 OPERACIONES	5 PUNTOS
320 A 640 OPERACIONES	6 PUNTOS
640 A 1280 OPERACIONES	7 PUNTOS
1280 A 2560 OPERACIONES	8 PUNTOS
2560 A 5120 OPERACIONES	9 PUNTOS
5120 A 10.240 OPERACIONES	10 PUNTOS

Como vemos en el cuadro, cuanto mayor es la cantidad de operaciones en la que verificamos una estrategia de Trading, mayor es el puntaje de dicha verificación y por consecuencia más real.

Una estrategia de Trading efectiva debe comprobarse con un mínimo de operaciones con un puntaje mínimo según la ley de los grandes números equivalentes a 8 (ocho) o más.

Estrategias verificadas con cantidad de operaciones menores a 8 puntos son no certeras y no sirven para tener el dato correcto.

LA ESPERANZA MATEMATICA EN EL TRADING

La esperanza matemática es un concepto estadístico que mide la efectividad de una estrategia comparando cuanto se gana en promedio cuando se gana y cuando se pierde en promedio cuando se pierde.

La esperanza matemática puede arrojar tres resultados distintos:

POSITIVA: Si la esperanza matemática es positiva aporta más ganancias que perdidas y es un sistema ganador.

NEGATIVA: Si la esperanza matemática es negativa aporta más perdidas que ganancias y es un sistema perdedor.

NEUTRO: Si la esperanza matemática da las mismas ganancias que perdidas estamos ante un sistema neutro que no gana ni pierde, solo nos hacer perder tiempo y el tiempo es tan valioso como el dinero.

¿CÓMO SE SACA LA FORMULA DE ESPERANZA MATEMÁTICA?

La formula de la esperanza matemática se saca con dos datos:
- Porcentaje de aciertos de nuestra estrategia o mejor dicho el porcentaje de veces que ganamos.
- Ratio beneficio riesgo o mejor dicho lo que se gana en promedio cuando se gana y lo que se pierde en promedio cuando se pierde.

La formula de la esperanza matemática se calcula de la siguiente forma:

EM = % de aciertos x Beneficio promedio - % fallos x Perdida promedio

EJEMPLO DE ESPERANZA MATEMATICA NEUTRA
PORCENTAJE DE ACIERTOS   PORCENTAJE DE FALLOS

$$EM = (50 \times 1) - (50 \times 1) = 0 \ EM \ NEUTRA$$

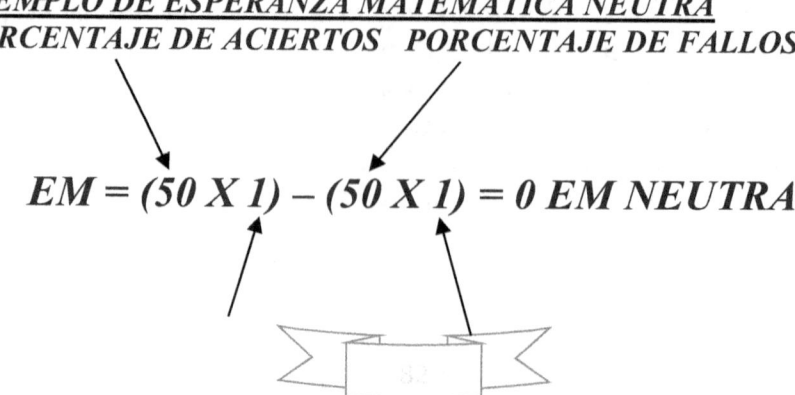

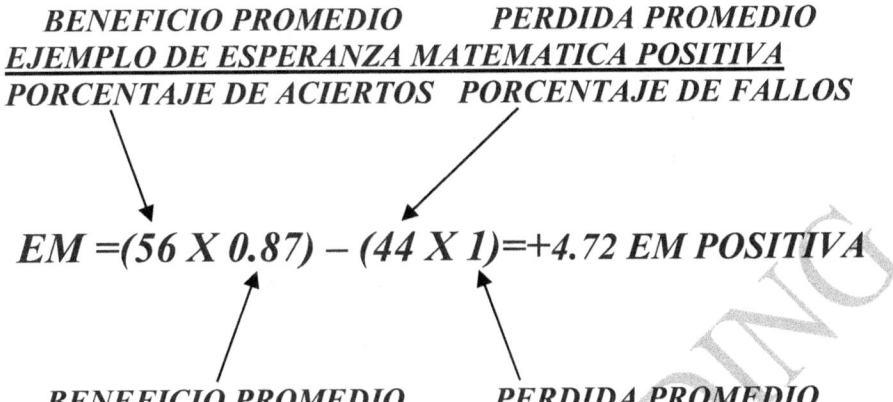

BENEFICIO PROMEDIO   *PERDIDA PROMEDIO*
<u>*EJEMPLO DE ESPERANZA MATEMATICA POSITIVA*</u>
PORCENTAJE DE ACIERTOS *PORCENTAJE DE FALLOS*

$$EM = (56 \times 0.87) - (44 \times 1) = +4.72 \text{ EM POSITIVA}$$

BENEFICIO PROMEDIO   *PERDIDA PROMEDIO*

PORCENTAJE DE ACIERTOS: *El porcentaje de aciertos se calcula teniendo en cuenta que el valor 100 representa al 100%, por lo cual para expresar porcentajes menores al 100% se debe expresar como valores centesimales. Por ejemplo si queremos expresar el 50% vamos a expresarlo sencillamente como 50.*

PORCENTAJE DE FALLOS: *El porcentaje de fallos se calcula teniendo en cuenta que el valor 100 representa al 100%, por lo cual para expresar porcentajes menores al 100% se debe expresar como valores centesimales. Por ejemplo si queremos expresar el 50% vamos a expresarlo sencillamente como 50.*

BENEFICIO PROMEDIO: *Es el valor promedio de ganancias en las operaciones ganadas expresada en dólares. Por ejemplo si tienes 10 operaciones ganadas, ganando $1, $1.05, $0.95, $0,80, $1.20, $0.40, $1.60, $0.70, $1.30, $1 se suman todas las ganancias y se dividen sobre 10, en este caso serian $10 dividido 10 = $1 de beneficios promedio.*

PÉRDIDA PROMEDIO: *Es el valor promedio de pérdidas en las operaciones pérdidas expresada en dólares. Por ejemplo si tienes 10 operaciones pérdidas, perdiendo -$1, -$1.05, -$0.95, -$0,80, -$1.20, -$0.40, -$1.60, -$0.70, -$1.30, -$1 se suman todas las pérdidas y se dividen sobre 10, en este caso serian -$10 dividido 10 = -$1 de pérdidas promedio.*

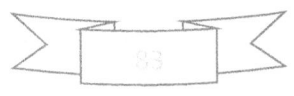

CALCULA LA ESPERANZA MATEMÁTICA DE TU ESTRATEGIA

Para calcular la esperanza matemática de tu estrategia necesitas hacer algunas cuentas:

1° PORCENTAJE DE ACIERTOS

Divide el 100% sobre la cantidad total de operaciones y multiplica el resultado por las operaciones ganadas se ese total.

Ejemplo: Realizaste 2000 operaciones totales ganando 1000 operaciones. La cuenta seria 100/2000 x 1000 = 50%

CALCULA TU PORCENTAJE DE ACIERTOS:

100 %
TUS OPERACIONES TOTALES: _ _ _ _
TUS OPERACIONES GANADAS: _ _ _ _

100% DIVIDIDO _ _ _ _ TUS OPERACIONES TOTALES= _ _ _ _

RESULTADO ANTERIOR _ _ _ _ X _ _ _ _ TUS OPERACIONES GANADAS.

PORCENTAJE DE ACIERTOS = _ _ %

2° PORCENTAJE DE FALLOS

Divide el 100% sobre la cantidad total de operaciones y multiplica el resultado por las operaciones perdidas se ese total.

Ejemplo: Realizaste 2000 operaciones totales perdiendo 1000 operaciones. La cuenta seria 100/2000 x 1000 = 50%

CALCULA TU PORCENTAJE DE FALLOS:

100 %
TUS OPERACIONES TOTALES: _ _ _ _
TUS OPERACIONES PÉRDIDAS: _ _ _ _

100% DIVIDIDO _ _ _ _ TUS OPERACIONES TOTALES= _ , _ _ _

RESULTADO ANTERIOR _ , _ _ _ X _ _ _ _ TUS OPERACIONES PERDIDAS.

PORCENTAJE DE FALLOS = _ _ %

Si no hay operaciones neutras donde no se gana ni se pierde se puede calcular el porcentaje de aciertos y de fallos tan solo calculando uno de ellos, ya que si por ejemplo el cálculo de aciertos da el 50% de las veces por deducción sabemos que el restante 50% seria nuestro porcentaje de fallos.

3°BENEFICIO PROMEDIO

Para sacar los beneficios promedio se deben sumar todas las ganancias de las operaciones ganadoras y luego dividir ese valor total en la cantidad de operaciones ganadas.

Ejemplo de cálculo de ganancia promedio por operación:

CUADRO DE GANANCIAS PROMEDIO CON 50% DE ACIERTOS

1	0.85	0.84	0.69	0.81	1.19	1.12	0.80	0.57	1.31
1.03	0.94	1.03	1.42	0.95	1.01	0.93	0.92	1.03	0.91
0.98	1.30	0.90	1.05	0.54	0.99	1.06	1.42	0.91	1.02
0.87	1.01	0.68	0.93	1.09	0.83	0.85	1	0.79	0.84
0.54	0.66	1.15	0.83	1.23	0.53	0.57	0.50	1.20	0.68
1.02	0.86	1.04	1.31	0.89	1.04	0.98	0.90	1.06	0.56
0.96	1.08	0.84	1.05	0.94	1.35	1.46	1.56	0.89	0.90
0.77	1.25	0.91	0.58	1.38	0.97	1.07	1.08	1.46	1.27
0.84	0.96	1.34	0.92	1.10	0.88	0.87	0.60	0.98	1.03
1.30	0.67	0.82	0.80	0.65	0.64	0.62	0.81	0.68	0.86
	T	O	T	A	L	E	S		
9.31	10.59	9.55	9.58	9.58	9.53	9.53	9.59	9.57	9.38

Primero se suman todos los totales para obtener las ganancias totales de todas las operaciones ganadoras

TOTAL DE GANANCIAS: $96.21

TOTAL DE OPERACIONES: 100

GANANCIA PROMEDIO POR OPERACIÓN: 96.21/100 = $0.96

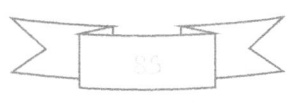

4° PERDIDA PROMEDIO

Para sacar las perdidas promedio se deben sumar todas las pérdidas de las operaciones perdedoras y luego dividir ese valor total en la cantidad de operaciones perdidas.

Ejemplo de cálculo de perdida promedio por operación:

CUADRO DE PERDIDAS PROMEDIO CON 50% DE FALLOS

-0,11	-0.85	-0.84	-0.39	-0.81	-0.19	-1.12	-0.40	-0.57	-0.31
-1.03	-0.94	-1.03	-0.42	-0.95	-1.01	-0.93	-0.92	-1.03	-0.91
-0.98	-1.30	-0.90	-1.05	-0.54	-0.99	-1.06	-0.42	-0.91	-1.02
-0.87	-1.01	-0.68	-0.93	-1.09	-0.83	-0.85	-1	-0.79	-0.54
-0.54	-0.66	-0.15	-0.83	-0.73	-0.53	-0.57	-0.50	-0.20	-0.68
-1.02	0.56	-1.04	-0.31	-0.89	-1.04	-0.98	-0.90	-1.06	-0.56
-0.96	-0.08	-0.44	-1.05	-0.94	-0.35	-0.46	-0.56	-0.89	-0.90
-0.77	-1.25	-0.91	-0.58	-0.38	-0.97	-0.57	-1.08	-0.46	-0.27
-0.84	-0.96	-1.34	-0.92	-1.10	-0.88	-0.87	-0.60	-0.98	-1.03
-0.30	-0.67	-0.22	-0.80	-0.65	-0.64	-0.62	-0.81	-0.68	-0.86
	T	O	T	A	L	E	S		
-7.42	-8.28	-7.55	-7.28	-8.08	-7.43	-7.03	-7.29	-7.57	-7.18

Primero se suman todos los totales para obtener las pérdidas totales de todas las operaciones perdedoras.

TOTAL DE PERDIDAS: $-75.11
TOTAL DE OPERACIONES: 100
PERDIDA PROMEDIO POR OPERACIÓN: 75.11/100 = $-0.75

CALCULO DE ESPERANZA MATEMÁTICA
PORCENTAJE DE ACIERTOS   PORCENTAJE DE FALLOS

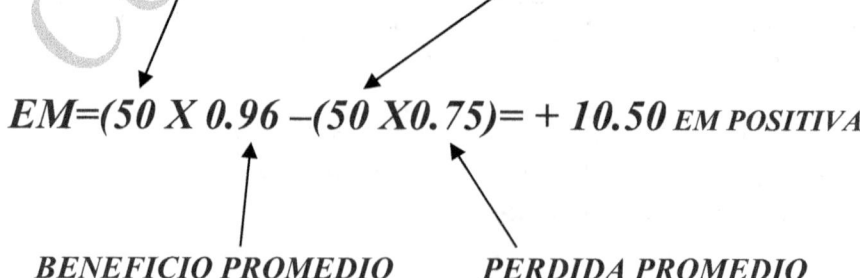

EM=(50 X 0.96 –(50 X0.75)= + 10.50 EM POSITIVA

BENEFICIO PROMEDIO   PERDIDA PROMEDIO

¿QUÉ HAY QUE TENER EN CUENTA AL DISEÑAR UNA ESTRATEGIA DE TRADING?

Hay que tener en cuenta el cálculo de la esperanza matemática y operar solo estrategias que den una esperanza matemática positiva.

Dentro del cálculo de esperanza matemática tenemos dos datos importantes:

- *El porcentaje de aciertos*
- *El ratio beneficio riesgo*

¿COMO MEJORAR LA ESPERANZA MATEMATICA CON OPCIONES BINARIAS?

Siguiendo la acción del precio y teniendo presente las distintas formas de ganar en el Trading:

Si tenemos presentes estas formas de ganar con las opciones binarias y una clara idea de cómo se produce la acción del precio tenemos muchas posibilidades de ganar con las opciones binarias.

Si detectamos una tendencia bajista o alcista podemos abrir una operación a favor de la tendencia al finalizar un retroceso y comenzar un nuevo impulso con estas posibilidades de trading:

- *Si la operación se pone muy a nuestro favor podemos esperar al vencimiento y ganar.*
- *Podemos vender anticipadamente y asegurar una ganancia*
- *Podemos crear un rango ganador abriendo una nueva operación, intentando ganar el doble arriesgando muchísimo menos capital.*

Por otro lado si la operación esta dudosa podemos:

- *Vender anticipadamente recortando perdidas cuando el precio de venta nos ofrece una pequeña ganancia o una mínima perdida.*

Si detectamos que el mercado está en tendencia lateral podemos:

- *Abrir operaciones sube cuando el precio toca el soporte y abrir operaciones baja cuando el precio toca la resistencia*

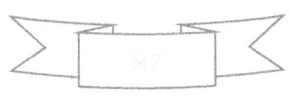

- *Esperar al vencimiento si la operación se pone muy a nuestro favor*
- *Vender anticipadamente para asegurar ganancias*
- *Crear un rango ganador abriendo operaciones <u>sube y baja</u>, el rango ganador nos permite tener posibilidades de ganar mucho arriesgando poco, siempre y cuando la diferencia entre posiciones sube y baja arroje menos del 1% posible de perdidas.*
- *Esperar al vencimiento del rango con la posibilidad de ganar mucho arriesgando muy poco*
- *Vender anticipadamente asegurando ganancias cuando el precio se mueve dentro del rango, nunca para recortar perdidas.*

TODAS ESTAS ESTRATEGIAS LAS TOCO A FONDO EN EL MÓDULO 1 DISPONIBLE EN AMAZON:

CAPÍTULO 5

TESTEO Y TABLAS PARA COMPROBAR LA EFECTIVIDAD DE ESTRATEGIAS DE GESTIÓN DEL CAPITAL EN LA SESIÓN DE TRADING

Este capítulo está dedicado a analizar las estadísticas con cada estrategia de gestión de capital en la sesión de trading a fin de tomar las mejores decisiones a la hora de nuestras operaciones diarias.

Datos estadísticos a tener en cuenta según tipo de gestión:

- *Cantidad de operaciones perdidas necesarias para vacia el total de la cuenta -100%.*
- *Cantidad de operaciones ganadas para incrementar el capital de la cuenta +10%, +25%, +50% o +100%.*

¿Por qué gestionar el capital en la sesión de trading?

Un Trader cuando entra al mercado se convierte en un gestor de su propio capital, puede tener su estrategia de Trading elaborada con puntos de entrada y salida pero sobre todo debe aplicar a esa estrategia una estricta gestión del capital en la sesión de Trading con disciplina porque más allá de los resultados de la estrategia operativa lo que salva a una cuenta de grandes pérdidas es el propio cuidado del capital en cada operación y en cada sesión, si logramos conservar el capital de la cuenta usando una buena estrategia con esperanza matemática positiva podremos ganar con nuestra estrategia en el largo plazo realizando muchas operaciones con poco capital. (1% a 2% de la cuenta).

ESTRATEGIAS DE GESTIÓN MONETARIA EN LA SESIÓN

PLAN RIESGO BAJO: Usar el 1% o 2% por operación
PLAN RIESGO MEDIO: Usar de 2% al 5% por operación (NR)
PLAN RIESGO ALTO: Usar del 5% al 20% por operación (NR)
PLAN TEMERARIO: Usar más del 20% por operación (NR)

NR: NO RECOMIENDO BAJO NINGÚN CONCEPTO POR EL ALTO RIESGO DE VACIAR LA CUENTA AL USARLOS

Sabiendo el porcentaje pautado por operación del plan de riesgo que utilicemos tenemos distintas formas de gestionar el capital en la sesión de Trading, siendo algunas recomendadas y otras no:

MI: MARTINGALA ILIMITADO (PLAN TEMERARIO)

Este tipo de gestión es nefasta y causante de las numerosas pérdidas de un gran número de Traders en el mejor de los casos y vacio y pérdida total del capital en el peor de los casos.

La expongo en esta sección a pesar de que no sirve para alcanzar la rentabilidad ya que muchos Traders recurren a ella con la falsa esperanza de ganar siempre, asumiendo riesgos altísimos y perdiendo todo su dinero más temprano que tarde.

¿En qué consiste la estrategia martingala ilimitada?

La martingala consiste básicamente en doblar el monto de las operaciones cada vez que se pierde con un coeficiente que nos permita recuperar el capital perdido en la operación anterior y conseguir una pequeña ganancia en caso de ganar.

¿Cuáles son los problemas de la martingala ilimitada?

- Para ganar utilizando como gestión la martingala ilimitada se necesita un capital ilimitado porque en una racha de pérdidas se necesitaría un capital muy grande para recuperar todo lo que se perdió anteriormente.
- Se utiliza mucho dinero para recuperar una pequeña perdida
- La martingala ilimitada va en contra de la naturaleza del Trading donde se gana y se pierde teniendo que aceptar las perdidas como las ganancias. Un Trader puede usar la martingala con éxito varias operaciones consiguiendo buenas ganancias pero así como tiene rachas positivas de operaciones ganadoras de golpe tiene una racha de 5 o 6 operaciones perdidas en forma consecutiva llegando a vaciar inevitablemente la cuenta de trading sin posibilidad alguna de recuperación.

Ejemplo de gestión de martingala ilimitada

Supongamos que un Trader tiene una cuenta de 100 dólares y utiliza la gestión martingala ilimitada iniciando su primera operación con 1 dólar

CUADRO DE GESTIÓN MARTINGALA ILIMITADA

OPERACIÓN	RESULTADO	PÉRDIDA ACUMULADA
1	Utiliza 1 dólar y pierde la operación	1 dólar
2	En esta segunda operación dobla x 2.2 lo perdido antes, usa 2.20 dólares y vuelve a perder	3.20 dólares
3	En esta tercera operación dobla x 2.2 lo perdido antes, usa 4.84 dólares y vuelve a perder	8.04 dólares
4	En esta cuarta operación dobla x 2.2 lo perdido antes, usa 10.65 dólares y vuelve a perder	18.69 dólares
5	En esta quinta operación dobla x 2.2 lo perdido antes, usa 23.43 dólares y vuelve a perder	42.12 dólares
6	En esta sexta operación dobla x 2.2 lo perdido antes, usa 51.54 dólares y vuelve a perder	93.66 dólares
7	Tras 93.66 dólares de pérdidas acumuladas ya no le queda capital para doblar sufriendo una gran pérdida del 93,66%. Perdido por perdido usa los 6.44 restantes y los vuelve a perder vacando definitivamente la cuenta.	100 dólares

Como podemos ver en solo 6 operaciones se puede perder todo el capital y tener más capital no es la solución ya que aun el mejor Trader puede tener en algún momento una racha de 15 o 20 operaciones perdidas en forma consecutiva ya que podemos conocer nuestro porcentaje de aciertos pero no el orden de los mismos.

La martingala no siempre es una mala gestión si sabemos cómo usarla.

ESTADISTICAS DE LA MARTINGALA ILIMITADA

La martingala ilimitada es una estrategia de riesgo temerario con un inicio con el 1% del capital e incrementándose al doble cada vez que se pierde. Esta estrategia es nefasta y no recomendada ya que con solo unas pocas operaciones se puede vaciar la cuenta y cada vez que se gana, se arriesga mucho para tener una pequeña ganancia. Va en contra de la naturaleza del Trading donde se gana y se pierde.

DIFERENCIA DE OPERACIONES PERDIDAS NECESARIAS PARA VACIAR TOTALMENTE LA CUENTA AL -100%:
CUENTA INICIAL $100 # -6 A -7 DIFERENCIA OPERACIONES PERDIDAS
CUENTA INICIAL $200 # -7 A -8 DIFERENCIA OPERACIONES PERDIDAS
CUENTA INICIAL $400 # -8 A -9 DIFERENCIA OPERACIONES PERDIDAS
CUENTA INICIAL $800 # -9 A -10 DIFERENCIA OPERACIONES PERDIDAS
CUENTA INICIAL $ 1.600 # -10 A -11 DIFERENCIA OPERACIONES PERDIDAS
CUENTA INICIAL $3.200 # -11 A -12 DIFERENCIA OPERACIONES PERDIDAS
CUENTA INICIAL $6.400 # -12 A -13 DIFERENCIA OPERACIONES PERDIDAS
CUENTA INICIAL $12.800 # -13 A -14 DIFERENCIA OPERACIONES PERDIDAS
CUENTA INICIAL $25.600 # -14 A -15 DIFERENCIA OPERACIONES PERDIDAS
CUENTA INICIAL $51.200 # -15 A -16 DIFERENCIA OPERACIONES PERDIDAS
CUENTA INICIAL $102.400 # -16 A-17 DIFERENCIA OPERACIONES PERDIDAS

DIFERENCIA DE OPERACIONES GANADAS NECESARIAS PARA INCREMENTAR LA CUENTA AL +100%: +69 A +70 OPERACIONES

DIFERENCIA DE OPERACIONES GANADAS NECESARIAS PARA INCREMENTAR LA CUENTA AL +50%: +39 A +40 OPERACIONES GANADAS

DIFERENCIA DE OPERACIONES GANADAS NECESARIAS PARA INCREMENTAR LA CUENTA AL +25%: +21 A +22 OPERACIONES GANADAS

DIFERENCIA DE OPERACIONES GANADAS NECESARIAS PARA INCREMENTAR LA CUENTA AL +10%: +9 A +10 OPERACIONES GANADAS

Como vemos se necesitan muchas operaciones ganadas para obtener buenos beneficios y solo unas pocas perdidas para tener grandes pérdidas y en el peor de los casos vaciar la cuenta.

PUNTUACIÓN DE MARTINGALA ILIMITADO: 0 PUNTOS
RIESGO DE GESTIÓN: ALTISIMO

NO RECOMENDADA BAJO NINGUN PUNTO DE VISTA YA QUE ESTE TIPO DE GESTIÓN VA EN CONTRA DE LA NATURALEZA DEL TRADING DONDE SE DEBE ACEPTAR EL GANAR Y EL PERDER, NO SE PUEDE GANAR SIEMPRE POR LO CUAL QUIEN USA MARTINGALA ILIMITADO EN ALGUN MOMENTO PIERDE Y TERMINA VACIANDO LA CUENTA INEVITABLEMENTE.

ML 2: MARTINGALA LIMITADO 2% (RIESGO BAJO)

Aquellos que tienen una buena estrategia con un alto porcentaje de efectividad pueden usar una gestión monetaria de martingala limitada en su sesión de trading, al contrario del martingala ilimitado la martingala limitada al 2% del capital implica que se hagan como máximo 3 operaciones perdedoras consecutivas como límite, lo que implicaría no perder más del 2% por operación, limite sugerido para un plan de gestión de riesgo bajo.

COMO USAR LA MARTINGALA LIMITADA AL 2%

Para poder usar la gestión de capital de martingala limitada al 2% es necesario contar con un capital mínimo de 350 dólares
El máximo que se puede llegar a perder en una cadena de operaciones son 7 dólares acumulados en la tercer operación perdida en forma consecutiva
En la primer operación se va a utilizar un 0.28% del capital equivalentes a un dólar, en caso de pérdida se va a doblar el capital para la próxima operación.
En la segunda operación se va a usar un 0.57% del capital equivalentes a 2 dólares, en caso de pérdida se va a doblar ese capital para la próxima operación.
En la tercer operación se van a usar 1.14% del capital equivalentes a 4 dólares, en caso de pérdida no se duplica el capital.   *O se vuelve a usar el 0.28%, o si se llego al stop loss de la sesión no se opera más hasta la próxima sesión de Trading.*
La suma de las tres operaciones perdidas acumula un límite máximo de - 2% de pérdidas del capital.
Este tipo de gestión de capital se recomienda si tenemos una estrategia con un alto porcentaje de aciertos teniendo en cuenta que nunca sabremos el orden de los mismos.   *Si bien se arriesga poco en cada operación se recomienda un muy alto porcentaje de aciertos ya que es muy sencillo conseguir tres perdidas consecutivas en operaciones*
Si en la sesión obtenemos unas 9 o 10 operaciones ganadas (con beneficios de al menos 87%) sin que se llegue a nuestro limite de martingala limitado habremos obtenido un beneficio del +2% de la cuenta arriesgando poco dinero en cada operación

ESTADISTICAS DE LA MARTINGALA LIMITADA AL 2%

La martingala limitada al 2% es una estrategia de riesgo bajo con un inicio con el 0.28% del capital e incrementándose al doble cada vez que se pierde hasta llegar al 2% sin exceder ese límite.
Este tipo de gestión es adecuada para utilizar con una estrategia de alta efectividad respetando el stop del 2% por operación y teniendo un stop adecuado de pérdidas de sesión de Trading, cuando se alcanza el stop no se opera más hasta la próxima sesión.

DIFERENCIA DE OPERACIONES PERDIDAS NECESARIAS PARA VACIAR TOTALMENTE LA CUENTA AL -100%:

CUENTA INICIAL $100 (Se requiere un capital mínimo de $350)

CUENTA INICIAL $200 (Se requiere un capital mínimo de $350)

CUENTA INICIAL $400 # -138 DIFERENCIA OPERACIONES PERDIDAS

CUENTA INICIAL $800 # -174 DIFERENCIA OPERACIONES PERDIDAS

CUENTA INICIAL $ 1.600 # -210 DIFERENCIA OPERACIONES PERDIDAS

CUENTA INICIAL $3.200 # -246 DIFERENCIA OPERACIONES PERDIDAS

CUENTA INICIAL $6.400 # -282 DIFERENCIA OPERACIONES PERDIDAS

CUENTA INICIAL $12.800 # -318 DIFERENCIA OPERACIONES PERDIDAS

CUENTA INICIAL $25.600 # -354 DIFERENCIA OPERACIONES PERDIDAS

CUENTA INICIAL $51.200 # -390 DIFERENCIA OPERACIONES PERDIDAS

CUENTA INICIAL $102.400 # -426 DIFERENCIA OPERACIONES PERDIDAS

DIFERENCIA DE OPERACIONES GANADAS NECESARIAS PARA INCREMENTAR LA CUENTA AL +100%: +70 OPERACIONES

DIFERENCIA DE OPERACIONES GANADAS NECESARIAS PARA INCREMENTAR LA CUENTA AL +50%: +40 OPERACIONES GANADAS

DIFERENCIA DE OPERACIONES GANADAS NECESARIAS PARA INCREMENTAR LA CUENTA AL+25%: +22 OPERACIONES GANADAS

DIFERENCIA DE OPERACIONES GANADAS NECESARIAS PARA INCREMENTAR LA CUENTA AL +10%: +10 OPERACIONES GANADAS

Esta estrategia es de riesgo bajo siempre y cuando se use el 2% total por operación debiendo utilizarse 0.28%, 0.57% y 1.14% por operación no excediendo el límite de perdidas pautado previamente del 2%.

PUNTUACIÓN DE MARTINGALA LIMITADOAL 2%: 5 PUNTOS RIESGO DE GESTIÓN: BAJO. RECOMENDADA PARA TRADERS CON RESULTADOS POSITIVOS Y QUE NO SUELEN TENER RACHAS NEGATIVAS DE HASTA TRES OPERACIONES PERDIDAS DE FORMA CONSECUTIVA, SE NECESITA UNA ESTRATEGIA ALTAMENTE EFECTIVA, ESTRICTA DISCIPLINA Y RESPETO POR LOS STOP DE PERDIDAS.

ML 3.5: MARTINGALA LIMITADO 3.5% (RIESGO MEDIO)

Aquellos que tienen una buena estrategia con un altísimo porcentaje de efectividad pueden usar una gestión monetaria de martingala limitada al 3.5% en su sesión de trading, al contrario del martingala limitada al 2% la martingala limitada al 3.5% del capital implica mayores beneficios con el doble de riesgo ya que de tener unas cuantas operaciones perdidas (alcanzando el límite de 3.5%) se sufrirían pérdidas importantes en la cuenta.

COMO USAR LA MARTINGALA LIMITADA AL 3.5%

Para poder usar la gestión de capital de martingala limitada al 3.5% es necesario contar con un capital mínimo de 200 dólares
El máximo que se puede llegar a perder en una cadena de operaciones son 7 dólares acumulados en la tercer operación perdida en forma consecutiva
En la primer operación se va a utilizar un 0.50% del capital equivalentes a un dólar, en caso de pérdida se va a doblar el capital para la próxima operación.
En la segunda operación se va a usar un 1% del capital equivalentes a 2 dólares, en caso de pérdida se va a doblar ese capital para la próxima operación.
En la tercer operación se van a usar 2% del capital equivalentes a 4 dólares, en caso de pérdida no se duplica el capital.   *O se vuelve a usar el 0.50%, o si se llego al stop loss de la sesión no se opera más hasta la próxima sesión de Trading.*
La suma de las tres operaciones perdidas acumulan un límite máximo de -3.5% de pérdidas del capital.
Este tipo de gestión de capital se recomienda si tenemos una estrategia con un altísimo porcentaje de aciertos teniendo en cuenta que nunca sabremos el orden de los mismos.   *Si bien se arriesga poco en cada operación se recomienda un altísimo porcentaje de aciertos ya que es muy sencillo conseguir tres perdidas consecutivas en operaciones*
Si en la sesión obtenemos unas 9 o 10 operaciones ganadas (con beneficios de al menos 87%) sin que se llegue a nuestro limite de martingala limitado habremos obtenido un beneficio del +4% o 5% de la cuenta con un riesgo medio en cada operación

ESTADISTICAS DE LA MARTINGALA LIMITADA AL 3.5%

La martingala limitada al 3.5% es una estrategia de riesgo medio con un inicio con el 0.5% del capital e incrementándose cada vez que se pierde hasta llegar al 3.5% total sin exceder ese límite. Este tipo de gestión es adecuada para utilizar con una estrategia de alta efectividad, puede presentar el doble de beneficios que la martingala limitada al 2% pero desde ya se incrementan al doble los riesgos al perder.

DIFERENCIA DE OPERACIONES PERDIDAS NECESARIAS PARA VACIAR TOTALMENTE LA CUENTA AL -100%:

CUENTA INICIAL $100 Se requiere un capital mínimo de $200 dólares.
CUENTA INICIAL $200 # -74 DIFERENCIA OPERACIONES PERDIDAS
CUENTA INICIAL $400 # -98 DIFERENCIA OPERACIONES PERDIDAS
CUENTA INICIAL $800 # -122 DIFERENCIA OPERACIONES PERDIDAS
CUENTA INICIAL $ 1.600 # -146 DIFERENCIA OPERACIONES PERDIDAS
CUENTA INICIAL $3.200 # -170 DIFERENCIA OPERACIONES PERDIDAS
CUENTA INICIAL $6.400 # -194 DIFERENCIA OPERACIONES PERDIDAS
CUENTA INICIAL $12.800 # -218 DIFERENCIA OPERACIONES PERDIDAS
CUENTA INICIAL $25.600 # -242 DIFERENCIA OPERACIONES PERDIDAS
CUENTA INICIAL $51.200 # -266 DIFERENCIA OPERACIONES PERDIDAS
CUENTA INICIAL $102.400 # -290 DIFERENCIA OPERACIONES PERDIDAS

DIFERENCIA DE OPERACIONES GANADAS NECESARIAS PARA INCREMENTAR LA CUENTA AL +100%: +70 OPERACIONES

DIFERENCIA DE OPERACIONES GANADAS NECESARIAS PARA INCREMENTAR LA CUENTA AL +50%: +40 OPERACIONES GANADAS

DIFERENCIA DE OPERACIONES GANADAS NECESARIAS PARA INCREMENTAR LA CUENTA AL +25%: +22 OPERACIONES GANADAS

DIFERENCIA DE OPERACIONES GANADAS NECESARIAS PARA INCREMENTAR LA CUENTA AL +10%: +10 OPERACIONES GANADAS

Esta estrategia es de riesgo medio siempre y cuando se use hasta el 3.5% por operación debiendo utilizarse 0.50%, 1% y 2% respectivamente por operación no excediendo el límite de perdidas pautado previamente del 3.5%. Nunca se debe operar fuera de esos porcentajes pautados.

PUNTUACIÓN DE MARTINGALA LIMITADOAL 3.5%: 3 PUNTOS
RIESGO DE GESTIÓN: MEDIO
RECOMENDADA PARA TRADERS CON RESULTADOS POSITIVOS Y QUE NO SUELEN TENER RACHAS NEGATIVAS DE HASTA TRES OPERACIONES PERDIDAS DE FORMA CONSECUTIVA, SE NECESITA ESTRICTA DISCIPLINA Y RESPETO POR LOS STOP.

ML 7: MARTINGALA LIMITADO 7% (RIESGO ALTO)

Este tipo de gestión también requiere un altísimo porcentaje de aciertos ya que implica un altísimo riesgo pues se arriesga hasta un 7% tras tres operaciones pérdidas en forma consecutiva.

COMO USAR LA MARTINGALA LIMITADA AL 7%

Para poder usar la gestión de capital de martingala limitada al 7% es necesario contar con un capital mínimo de 100 dólares
El máximo que se puede llegar a perder en una cadena de operaciones son 7 dólares acumulados en la tercer operación perdida en forma consecutiva
En la primer operación se va a utilizar un 1% del capital equivalentes a un dólar, en caso de pérdida se va a doblar el capital para la próxima operación.
En la segunda operación se va a usar un 2% del capital equivalentes a 2 dólares, en caso de pérdida se va a doblar ese capital para la próxima operación.
En la tercer operación se van a usar 4% del capital equivalentes a 4 dólares, en caso de pérdida no se duplica el capital.   *O se vuelve a usar el 1%, o si se llego al stop loss de la sesión no se opera más hasta la próxima sesión de Trading.*
La suma de las tres operaciones perdidas acumula un límite máximo de -7% de pérdidas del capital.
Este tipo de gestión de capital se recomienda si tenemos una estrategia con un altísimo porcentaje de aciertos teniendo en cuenta que nunca sabremos el orden de los mismos.   *Se arriesga poco en la primera y segunda operación pero la tercera tiene un porcentaje del 4% por lo que se recomienda un altísimo porcentaje de aciertos ya que de alcanzar tres perdidas consecutivas se pierde un 7% de la cuenta.*
Si en la sesión obtenemos unas 9 o 10 operaciones ganadas (con beneficios de al menos 87%) sin que se llegue a nuestro límite de martingala limitado habremos obtenido un beneficio del +8% o 9% de la cuenta con un riesgo alto en cada operación o secuencia de tres perdidas consecutivas.
Una posible variante es usar 200 dólares de capital inicial y 4 operaciones limite consecutivas como pérdida de 0.5%, 1%, 2% y 4%. Con unas 10 operaciones ganadas se puede ganar un 4% o 4.5%

ESTADISTICAS DE LA MARTINGALA LIMITADA AL 7%

La martingala limitada al 7% es una estrategia de riesgo alto con un inicio con el 1% del capital e incrementándose cada vez que se pierde hasta llegar al 7% total sin exceder ese límite (Sumando las tres).Este tipo de gestión es adecuada para utilizar con estrategias de altísima efectividad pero desde ya no es recomendada ya que una corta racha de perdidas puede llevar a quemar la cuenta

DIFERENCIA DE OPERACIONES PERDIDAS NECESARIAS PARA VACIAR TOTALMENTE LA CUENTA AL -100%:

CUENTA INICIAL $100 # - 10 DIFERENCIA DE OPERACIONES PERDIDAS

CUENTA INICIAL $200 # -20 DIFERENCIA OPERACIONES PERDIDAS

CUENTA INICIAL $400 # -30 DIFERENCIA OPERACIONES PERDIDAS

CUENTA INICIAL $800 # -40 DIFERENCIA OPERACIONES PERDIDAS

CUENTA INICIAL $ 1.600 # -50 DIFERENCIA OPERACIONES PERDIDAS

CUENTA INICIAL $3.200 # -60 DIFERENCIA OPERACIONES PERDIDAS

CUENTA INICIAL $6.400 # -70 DIFERENCIA OPERACIONES PERDIDAS

CUENTA INICIAL $12.800 # -80 DIFERENCIA OPERACIONES PERDIDAS

CUENTA INICIAL $25.600 # -90 DIFERENCIA OPERACIONES PERDIDAS

CUENTA INICIAL $51.200 # -100 DIFERENCIA OPERACIONES PERDIDAS

CUENTA INICIAL $102.400 # -110 DIFERENCIA OPERACIONES PERDIDAS

DIFERENCIA DE OPERACIONES GANADAS NECESARIAS PARA INCREMENTAR LA CUENTA AL +100%: +10 OPERACIONES

DIFERENCIA DE OPERACIONES GANADAS NECESARIAS PARA INCREMENTAR LA CUENTA AL +50%: +6 OPERACIONES GANADAS

DIFERENCIA DE OPERACIONES GANADAS NECESARIAS PARA INCREMENTAR LA CUENTA AL +25%: +3 OPERACIONES GANADAS

DIFERENCIA DE OPERACIONES GANADAS NECESARIAS PARA INCREMENTAR LA CUENTA AL +10%: +2 OPERACIONES GANADAS

Esta estrategia es de riesgo alto y en solo unas pocas operaciones perdidas se puede perder gran parte de su capital. Se debe utilizar el 1%, 2% y 4% del capital respectivamente no excediendo nunca el 7% total tras tres operaciones perdidas (Sumando todas)

PUNTUACIÓN DE MARTINGALA LIMITADOAL 7%: 1 PUNTO RIESGO DE GESTIÓN: ALTO. RECOMENDADA PARA TRADERS CON RESULTADOS POSITIVOS Y QUE NO SUELEN TENER RACHAS NEGATIVAS DE HASTA TRES OPERACIONES PERDIDAS DE FORMA CONSECUTIVA, TENER EN CUENTA QUE ES UNA ESTRATEGIA DE RIESGO MUY ALTO POR LO QUE SE NECESITA ESTRICTA DISCIPLINA PARA USARLA.

MG: MARTINGALA DE GANANCIAS (RIESGO BAJO)

Este tipo de gestión es optima ya que se utilizan las ganancias generadas en la sesión de Trading para operar intentando generar ganancias exponenciales consiguiendo 3 o 4 operaciones ganadas en forma consecutiva, arriesgando solo el 1% por operación o como variante el 1% la primera vez, usando luego solamente las ganancias.

COMO USAR LA MARTINGALA GANANCIAS

Para poder usar la gestión de capital de martingala de ganancias no hay un tope mínimo de capital.
El máximo que se puede llegar a ganar en una cadena consecutiva de 3 operaciones ganadas es el 4% y si se logra una de cadena consecutiva de 4 operaciones ganadas es el 8%.   *La perdida máxima es un 1% por operación perdida.*
En la primer operación se va a utilizar un 1% del capital inicial, en caso de ganar se va a duplicar el capital en la próxima operación utilizando el 1% x 2   *En caso de pérdida se vuelve a usar el 1% la próxima operación.*
En la segunda operación se va a usar el 1% x 2 en total un 2% del capital inicial, en caso de ganar se va a duplicar el capital en la próxima operación utilizando el 2% x 2   *En caso de pérdida se vuelve a usar el 1% la próxima operación.*
En la tercer operación se va a usar el 2% x 2 en total un 4% del capital inicial, en caso de ganar se va a duplicar el capital en la próxima operación utilizando el 4% x 2   *En caso de pérdida se vuelve a usar el 1% la próxima operación.*
En la cuarta operación se va a usar el 4% x 2 en total un 8% del capital inicial, en caso de ganar se van a asegurar las ganancias de ese 8% y se va a continuar operando hasta alcanzar el stop loss.   *En caso de ganancia o de perdida se vuelve a usar el 1% la próxima operación.*
Para usar este tipo de gestión necesitamos una estrategia con mucha efectividad porque necesitamos 3 o 4 operaciones ganadas consecutivamente para generar ganancias arriesgando en cada perdida solo el 1% de la cuenta porque usamos mayoritariamente ganancias en nuestra cadena de operaciones.
Variante: Podemos operar solamente con ganancias arriesgando solo el 1% de la primera operación de nuestra cadena consecutiva.

ESTADISTICAS DE LA MARTINGALA DE GANANCIAS (RIESGO BAJO)

La martingala de ganancias es un tipo de gestión que necesita una alta efectividad ya que las ganancias se generan cada vez que se consigue una serie de tres operaciones seguidas en forma consecutiva. Por otra parte solo se usa el 1% por lo que solo se arriesga un 1% con la excepción de la variante de usar el 1% y si se gana utilizan solo las ganancias intentando ganar tres operaciones seguidas operando solo con ganancias.

DIFERENCIA DE OPERACIONES PERDIDAS NECESARIAS PARA VACIAR TOTALMENTE LA CUENTA AL -100%:

CUENTA INICIAL $100 # -100 DIFERENCIA DE OPERACIONES PERDIDAS

CUENTA INICIAL $200 # -170 DIFERENCIA OPERACIONES PERDIDAS

CUENTA INICIAL $400 # -240 DIFERENCIA OPERACIONES PERDIDAS

CUENTA INICIAL $800 # -310 DIFERENCIA OPERACIONES PERDIDAS

CUENTA INICIAL $ 1.600 # -380 DIFERENCIA OPERACIONES PERDIDAS

CUENTA INICIAL $3.200 # -450 DIFERENCIA OPERACIONES PERDIDAS

CUENTA INICIAL $6.400 # -520 DIFERENCIA OPERACIONES PERDIDAS

CUENTA INICIAL $12.800 # -590 DIFERENCIA OPERACIONES PERDIDAS

CUENTA INICIAL $25.600 # -660 DIFERENCIA OPERACIONES PERDIDAS

CUENTA INICIAL $51.200 # -730 DIFERENCIA OPERACIONES PERDIDAS

CUENTA INICIAL $102.400 # -800 DIFERENCIA OPERACIONES PERDIDAS

DIFERENCIA DE OPERACIONES GANADAS NECESARIAS PARA INCREMENTAR LA CUENTA AL +100%: +70 OPERACIONES

DIFERENCIA DE OPERACIONES GANADAS NECESARIAS PARA INCREMENTAR LA CUENTA AL +50%: +40 OPERACIONES GANADAS

DIFERENCIA DE OPERACIONES GANADAS NECESARIAS PARA INCREMENTAR LA CUENTA AL +25%: +22 OPERACIONES GANADAS

DIFERENCIA DE OPERACIONES GANADAS NECESARIAS PARA INCREMENTAR LA CUENTA AL +10%: +8 OPERACIONES GANADAS

Para esta gestión se necesita una altísima efectividad ya que con una operación perdida se pierde un 1% y con tres ganadas consecutivas se gana hasta el 8%.

PUNTUACIÓN DE MARTINGALA DE GANANCIAS: 6 PUNTOS RIESGO DE GESTIÓN: BAJO. RECOMENDADA PARA AQUELLOS TRADERS QUE SUELEN TENER RACHAS POSITIVAS DE 3 O 4 OPERACIONES CONSECUTIVAS YA QUE EN ESE MOMENTO GANAN, SEGÚN COMO SE USE PUEDE GENERAR PERDIDAS, PRESTAR ATENCIÓN

+ -1: MÁS MENOS 1 OPERACION DE DIFERENCIA (RIESGO BAJO, MEDIO O ALTO)

Este tipo de gestión consiste en usar obligadamente un porcentaje fijo del capital correspondiente en cada operación pautado en nuestro plan de riesgo.

RIESGO BAJO: 1 O 2% (Determinar si usamos 1% o 2% por cada operación)
RIESGO MEDIO: 2 AL 5% (Determinar si usamos 3%, 4% o 5% por cada operación)
RIESGO ALTO: 5% al 20% (Determinar qué porcentaje usaremos por cada operación)

COMO USAR LA GESTIÓN MÁS MENOS 1

Pautar el porcentaje del capital que vamos a usar en cada operación, el resultado de nuestro trading se va a limitar a la diferencia entre operaciones ganadoras menos las perdedoras.
Este tipo de gestión es ideal para usar con un riesgo bajo ya que cuida la cuenta en rachas negativas, para vaciar una cuenta de 200 dólares se necesita una diferencia de -170 operaciones perdidas sobre ganadas usando el 1% por operación y 83 operaciones perdidas sobre ganadas usando el 2% por operación.
Si se utiliza con un plan de riesgo medio se puede llegar a vaciar la cuenta con una diferencia de 20 a 50 operaciones perdidas sobre ganadas dependiendo del % que se utilice en la operaciones.
Si se utiliza con un plan de riesgo alto se puede a llegar a vaciar la cuenta con una diferencia de entre 5 a 20 operaciones perdidas sobre ganadas.
La gestión más menos 1 con un plan de riego bajo es quizá la mejor gestión ya que se limita a cuidar el capital usando montos muy pequeños y tiene la ventaja de buscar la rentabilidad a largo plazo realizando muchas operaciones con poco capital cada una y obteniendo una suma de mayor operaciones ganadas sobre las operaciones perdidas, aceptando la esencia del Trading: "Se puede ganar y se puede perder, pero lo que termina logrando la rentabilidad es usar una estrategia efectiva (Esperanza matemática) gestionando disciplinadamente el capital de la cuenta en un gran universo de operaciones".(Ley de los grandes números)

ESTADISTICAS DE LA GESTIÓN + - 1 OPERACIONES

La gestión más menos 1 o diferencia de operaciones ganadoras sobre perdedoras es absolutamente recomendada usando el 1% del capital por operación ya que se necesita un número exorbitante de pérdidas para vaciar la cuenta.

DIFERENCIA DE OPERACIONES PERDIDAS NECESARIAS PARA VACIAR TOTALMENTE LA CUENTA AL -100% USANDO EL 1% POR OPERACIÓN:

CUENTA INICIAL $100 # -100 DIFERENCIA DE OPERACIONES PERDIDAS

CUENTA INICIAL $200 # -170 DIFERENCIA OPERACIONES PERDIDAS

CUENTA INICIAL $400 # -240 DIFERENCIA OPERACIONES PERDIDAS

CUENTA INICIAL $800 # -310 DIFERENCIA OPERACIONES PERDIDAS

CUENTA INICIAL $ 1.600 # -380 DIFERENCIA OPERACIONES PERDIDAS

CUENTA INICIAL $3.200 # -450 DIFERENCIA OPERACIONES PERDIDAS

CUENTA INICIAL $6.400 # -520 DIFERENCIA OPERACIONES PERDIDAS

CUENTA INICIAL $12.800 # -590 DIFERENCIA OPERACIONES PERDIDAS

CUENTA INICIAL $25.600 # -660 DIFERENCIA OPERACIONES PERDIDAS

CUENTA INICIAL $51.200 # -730 DIFERENCIA OPERACIONES PERDIDAS

CUENTA INICIAL $102.400 # -800 DIFERENCIA OPERACIONES PERDIDAS

DIFERENCIA DE OPERACIONES GANADAS NECESARIAS PARA INCREMENTAR LA CUENTA AL +100%: +70 OPERACIONES

DIFERENCIA DE OPERACIONES GANADAS NECESARIAS PARA INCREMENTAR LA CUENTA AL +50%: +40 OPERACIONES GANADAS

DIFERENCIA DE OPERACIONES GANADAS NECESARIAS PARA INCREMENTAR LA CUENTA AL +25%: +22 OPERACIONES GANADAS

DIFERENCIA DE OPERACIONES GANADAS NECESARIAS PARA INCREMENTAR LA CUENTA AL +10%: +8 OPERACIONES GANADAS

Este tipo de gestión es altamente efectiva ya que aun con un capital pequeño de 200 dólares usando estrictamente el 1% por cada operación de Trading se necesita perder una diferencia de 170 operaciones perdidas sobre ganadas lo que es muy difícil.
Si se usara la misma gestión con más capital porcentual por operación se incrementa exponencialmente el riesgo.

PUNTUACIÓN DE MÁS MENOS 1 OPERACIÓN: 8 PUNTOS
RIESGO DE GESTIÓN: BAJO
RECOMENDADA PARA UN TRADING ÓPTIMO USANDO UNA ESTRATEGIA EFECTIVA EN UN GRAN NUMERO DE OPERACIONES CON UNA EXCELENTE GESTIÓN MONETARIA PARA CUIDAR EL CAPITAL Y HACER CRECER POCO A POCO LA CUENTA DE TRADING.

RGP: RANGO GANADOR PAR 2 AL 10% (RIESGO MUY BAJO)

Esta gestión consiste en usar posiciones contrarias sube y baja intentando crear un rango ganador con intención de atrapar el precio y ganar todas las posiciones arriesgando como máximo menos del 1% si al expirar la operación el precio queda fuera del rango.

EJEMPLO:

LOS RANGOS PARES SON IDEALES PARA MERCADOS LATERALES

Como vemos en la imagen aquí se forma un rango ganador con una posición sube de 2.36 dólares y luego cuando el precio del activo se mueve a favor de nuestra primera posición se abre una posición baja con el mismo valor 2.36 dólares.

En caso que el precio termine dentro del rango se ganan las dos operaciones, como vemos aquí en la foto aquí se está por ganar 4.67 dólares invirtiendo 4.72 (Beneficios del 99% estaba entregando el mercado en ese momento)

Si el precio quedara fuera del rango ganador la perdida sería tan solo del 0.01% o mejor dicho 0.05 centavos de dólar.

Una de las ventajas de los rangos ganadores es que se puede incrementar el posible beneficio disminuyendo considerablemente el riesgo, ya que en la operación se puede usar más del 1% arriesgando mucho menos que el 1% en caso de perder la operación (Tal cual plantea el plan de riesgo bajo pero con posibles beneficios mucho mayores).

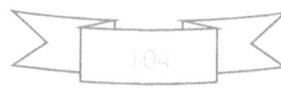

COMO USAR LA GESTIÓN RANGO GANADOR PAR 2% AL 10%

El rango ganador par es una estrategia poderosa ya que aun teniendo un bajo porcentaje de aciertos es rentable debido a que cuando se gana con una operación se gana mucho más de lo que se pierde cuando se pierde.

Calculemos el ejemplo de la foto con 100 operaciones y solo un 10% de efectividad:

10 operaciones x 4.67 de ganancias nos da: 46.70 de ganancia total

90 operaciones x 0.05 de perdidas nos da: 4.50 de pérdida total

46.70 – 4.50 nos da un beneficio de 42.20 dólares cada 100 operación

La clave del rango ganador es que tiene una perspectiva de hacer crecer la cuenta cuidando la cuenta estrictamente.

Una desventaja del rango ganador es que no siempre tendremos la posibilidad de formarlos, menos aun en operaciones de corta duración, sin embargo en operaciones a 5 minutos casi siempre la primera operación se nos pone ganadora dándonos la chance de abrir la segunda operación para formar el rango ganador.

Otra ventaja es que si usamos operaciones a 5 minutos de vencimiento podemos ir abriendo posiciones del 1% a medida que se mueve el precio incrementando los posibles beneficios.

Por ejemplo: 2 operaciones sube + 2 operaciones baja = 4% total

3 operaciones sube + 3 operaciones baja = 6% total

4 operaciones sube + 4 operaciones baja = 8% total

5 operaciones sube + 5 operaciones baja = 10% total

Lo importante al crear los rangos es jamás abrir operaciones asumiendo un riesgo mayor al 1%, para esto es necesario abrir operaciones alternadamente: Una sube, una baja, una sube, una baja

Una alternativa para proteger el capital aun de las pequeñas pérdidas es calcular las posiciones para que al vencimiento en caso de quedar fuera del rango no se tengan pérdidas de un lado de la operación y perdidas pequeñas del otro lado del rango.

Por ejemplo: Abrimos una posición sube con dos dólares con un activo que da el 90% de beneficios, la operación se pone muy a nuestro favor con la posición sube teniendo posibilidad de ganar 1.80 dólares entonces abrimos una posición baja con 1.80 dólares con la posibilidad de ganar ambas operaciones, no ganar ni perder si queda arriba de la posición baja y perder solo 0.38 si queda fuera del rango debajo de la posición sube, solo una pérdida del 0.19%.

ESTADISTICAS DE LA GESTIÓN RANGO GANADOR PAR

La gestión de rango ganador es una de las más efectivas ya que es la estrategia que tiene mayor esperanza matemática positiva, cuando se gana se gana mucho y cuando se pierde se pierde poco. Por otro lado con una muy baja efectividad de puede ser rentable y ganar. La gran ventaja de rango ganador es que se pueden abrir 10 operaciones juntas arriesgando el 1% o menos.

DIFERENCIA DE OPERACIONES PERDIDAS NECESARIAS PARA VACIAR TOTALMENTE LA CUENTA AL -100% USANDO EL 1% POR OPERACIÓN Y O PUDIENDO FORMAR RANGO PERDIENDO LA PRIMER OPERACIÓN:
CUENTA INICIAL $100 # -100 DIFERENCIA DE OPERACIONES PERDIDAS
CUENTA INICIAL $200 # -170 DIFERENCIA OPERACIONES PERDIDAS
CUENTA INICIAL $400 # -240 DIFERENCIA OPERACIONES PERDIDAS
CUENTA INICIAL $800 # -310 DIFERENCIA OPERACIONES PERDIDAS
CUENTA INICIAL $ 1.600 # -380 DIFERENCIA OPERACIONES PERDIDAS
CUENTA INICIAL $3.200 # -450 DIFERENCIA OPERACIONES PERDIDAS
CUENTA INICIAL $6.400 # -520 DIFERENCIA OPERACIONES PERDIDAS
CUENTA INICIAL $12.800 # -590 DIFERENCIA OPERACIONES PERDIDAS
CUENTA INICIAL $25.600 # -660 DIFERENCIA OPERACIONES PERDIDAS
CUENTA INICIAL $51.200 # -730 DIFERENCIA OPERACIONES PERDIDAS
CUENTA INICIAL $102.400 # -800 DIFERENCIA OPERACIONES PERDIDAS

DIFERENCIA DE OPERACIONES GANADAS NECESARIAS PARA INCREMENTAR LA CUENTA AL +100%: +70 OPERACIONES

DIFERENCIA DE OPERACIONES GANADAS NECESARIAS PARA INCREMENTAR LA CUENTA AL +50%: +40 OPERACIONES GANADAS

DIFERENCIA DE OPERACIONES GANADAS NECESARIAS PARA INCREMENTAR LA CUENTA AL +25%: +22 OPERACIONES GANADAS

DIFERENCIA DE OPERACIONES GANADAS NECESARIAS PARA INCREMENTAR LA CUENTA AL +10%: +8 OPERACIONES GANADAS

La contra de la gestión rango ganador es que se necesitan si o si mercados laterales para poder formarlos usando tiempos de vencimiento de 4 o 5 minutos no pudiendo siempre formar los rangos, por lo cual cuando no se puede formar un rango hay que tener paciencia y si no se puede aceptar la pérdida del 1%

PUNTUACIÓN DE RANGO PAR: 10 PUNTOS
RIESGO DE GESTIÓN: MUY BAJO
RECOMENDADA PARA MERCADOS LATERALES DONDE EL PRECIO SUBE Y BAJA EN UN RANGO CLARO ESTABLECIDO PERMITINEDO ABRIR HASTA 10 POSICIONES DEL 1%.

RGI: RANGO GANADOR IMPAR 3 AL 11% (RIESGO BAJO)

Al igual que el Rango ganador par esta gestión consiste en usar posiciones contrarias sube y baja pero conformado por cantidad de posiciones impares arriesgando hasta el 1% en diferencia de posiciones.

Por ejemplo: El mercado está en una clara tendencia alcista por lo cual se abren dos posiciones del 1% al alza y cuando ambas se ponen muy a nuestro favor abrimos una posición baja del 1% pudiendo darse los siguientes resultados:

- El mercado sigue en tendencia alcista y perdemos una operación pero ganamos dos, la diferencia nos da un -1% de la cuenta.
- El precio queda dentro del rango y ganamos las tres posiciones de 1%
- El precio tiene un cambio de tendencia y ganamos 1 operación y perdemos 2, la diferencia nos da un -1% de la cuenta.

COMO USAR GESTIÓN RANGO GANADOR IMPAR 3% AL 11%

El rango impar es ideal para mercados donde hay una tendencia definida ya que la idea es colocar mas posiciones a favor de la tendencia y una vez que vamos ganando abrir una posición en contra de la tendencia, siempre una menos que las que tenemos a favor de la tendencia.
Como el precio aun estando en una clara tendencia tiene avances y retrocesos podemos ir abriendo mas posiciones sube y baja alternadamente según los siguientes parámetros: • *2 posiciones sube y 1 baja = Total 3%* • *3 posiciones sube y 2 baja= Total 5%* • *4 posiciones sube y 3 baja= Total 7%* • *5 posiciones sube y 4 baja = Total 9%* • *6 posiciones sube y 5 baja= Total 11%*
Los posibles resultados de esta operativa son: - *Tener una pequeña ganancia si el precio queda por arriba de la tendencia* - *Ganar entre el 3% y el 11% si el precio queda dentro del rango* - *Perder aproximadamente el 1% si hay un cambio de tendencia y el precio queda fuera del rango*
El riesgo del rango impar es abrir la primer operación con dos posiciones del 1% y el precio cambie contra de nuestras posiciones

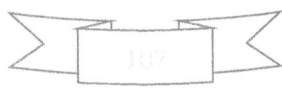

ESTADISTICAS DE LA GESTIÓN RANGO GANADOR IMPAR

La gestión de rango ganador impar es una de las más efectivas ya que es la estrategia que tiene mayor esperanza matemática positiva, cuando se gana se gana mucho y cuando se pierde se pierde poco. Por otro lado con una muy baja efectividad se puede ser rentable y ganar. La gran ventaja de rango ganador es que se pueden abrir 11 operaciones juntas arriesgando como máximo aproximadamente el 1%. Es conveniente usarla en mercados laterales.

DIFERENCIA DE OPERACIONES PERDIDAS NECESARIAS PARA VACIAR TOTALMENTE LA CUENTA AL -100% USANDO EL 1% POR OPERACIÓN Y O PUDIENDO FORMAR RANGO PERDIENDO LA PRIMER OPERACIÓN O FORMANDO EL RANGO PERO TERMINANDO FUERA DE RANGO PERDIENDO APROXIMADAMENTE EL 1%:

CUENTA INICIAL $100 # -100 DIFERENCIA DE OPERACIONES PERDIDAS
CUENTA INICIAL $200 # -170 DIFERENCIA OPERACIONES PERDIDAS
CUENTA INICIAL $400 # -240 DIFERENCIA OPERACIONES PERDIDAS
CUENTA INICIAL $800 # -310 DIFERENCIA OPERACIONES PERDIDAS
CUENTA INICIAL $ 1.600 # -380 DIFERENCIA OPERACIONES PERDIDAS
CUENTA INICIAL $3.200 # -450 DIFERENCIA OPERACIONES PERDIDAS
CUENTA INICIAL $6.400 # -520 DIFERENCIA OPERACIONES PERDIDAS
CUENTA INICIAL $12.800 # -590 DIFERENCIA OPERACIONES PERDIDAS
CUENTA INICIAL $25.600 # -660 DIFERENCIA OPERACIONES PERDIDAS
CUENTA INICIAL $51.200 # -730 DIFERENCIA OPERACIONES PERDIDAS
CUENTA INICIAL $102.400 # -800 DIFERENCIA OPERACIONES PERDIDAS

DIFERENCIA DE OPERACIONES GANADAS NECESARIAS PARA INCREMENTAR LA CUENTA AL +100%: +70 OPERACIONES

DIFERENCIA DE OPERACIONES GANADAS NECESARIAS PARA INCREMENTAR LA CUENTA AL +50%: +40 OPERACIONES GANADAS

DIFERENCIA DE OPERACIONES GANADAS NECESARIAS PARA INCREMENTAR LA CUENTA AL +25%: +22 OPERACIONES GANADAS

DIFERENCIA DE OPERACIONES GANADAS NECESARIAS PARA INCREMENTAR LA CUENTA AL +10%: +8 OPERACIONES GANADAS

PUNTUACIÓN DE RANGO IMPAR: 9 PUNTOS
RIESGO DE GESTIÓN: BAJO
RECOMENDADA PARA MERCADOS EN TENDENCIA YA QUE NOS BRINDAN MAYORES POSIBILIDADES DE FORMAR LOS RANGOS IMPARES CON MAS POSICIONES A FAVOR DE LA TENDENCIA Y UNA POSICION MENOS EN CONTRA DE LA TENDENCIA, SOLO PUEDE VERSE AFECTADA ANTE UN CAMBIO DE TENDENCIA.

T 1% + 1%: TENDENCIA HASTA 1% + 1% (RIESGO BAJO)

Este tipo de gestión sirve para mercados en tendencia y consiste en abrir una operación del 1% a favor de la tendencia, si el precio de nuestra operación se pone muy a nuestro favor podemos abrir una nueva posición del 1% o con las ganancias que se obtendrían por la primer operación siempre a favor de la tendencia. De este modo estaríamos especulando con los resultados de la primera operación para abrir la segunda con la posibilidad de ganar ambas.

COMO USAR LA GESTIÓN TENDENCIA 1% + 1%

Este tipo de gestión se utiliza en mercados con clara tendencia y es especulativa, ya que abriendo la primer operación se espera que se ponga muy ganadora para poder abrir una segunda operación igual en valor y a favor de la tendencia.
Un punto importante a considerar es que la segunda operación debe abrirse con el mínimo tiempo restante de vencimiento cercano a los 30 segundos ya que si le damos mucho tiempo puede haber un claro cambio de tendencia perdiendo ambas operaciones.
Una alternativa para evitar tener una pequeña perdida en caso de que se gane una operación y se pierda otra es: • *Abrir la primer operación con el 1% de la cuenta, por ejemplo 2 dólares (beneficio del 90%)* • *Se pone muy a nuestro favor y faltando poco tiempo para el vencimiento abrimos la segunda posición con las ganancias posibles de la primera posición 1.80 dólares.*
Los resultados de esta gestión podrían ser los siguientes: • *Ganar ambas operaciones si el precio siguió a favor de la tendencia* • *No Ganar la primer operación y perder la segunda si el precio quedo entre medio de ambas, sin perder nada.* • *Perder el 2% si de repente hubo un cambio de tendencia muy volátil*
Este tipo de gestión sirve para aumentar el ratio beneficio riesgo no por su porcentaje de aciertos sino porque cuando se gana se gana mucho y cuando se pierde se pierde nada o en algunas ocasiones hasta el 2% ya que la segunda posición se abre cuando está muy favorable la primera.
No conviene usarlo en mercados con cambios de tendencia volátiles

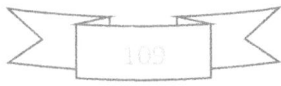

ESTADISTICAS DE LA TENDENCIA 1% + 1%

La gestión de seguimiento de tendencia 1% + 1% es muy efectiva ya que solo si se abre la primera operación se abre una segunda con las ganancias que obtendríamos de la primera, por lo cual se especula con una segunda operación protegiendo la primera. Si por el contrario la primer operación no se mueve a nuestro favor o queda cerca del precio de apertura podemos vender antes para recortar perdidas o obtener una pequeña ganancia o arriesgar y esperar al vencimiento pudiendo ganar o perder la operación.
DIFERENCIA DE OPERACIONES PERDIDAS NECESARIAS PARA VACIAR TOTALMENTE LA CUENTA AL -100%:   CUENTA INICIAL $100 (Se requiere un capital mínimo de $100)   CUENTA INICIAL $200 # -102 DIFERENCIA OPERACIONES PERDIDAS   CUENTA INICIAL $400 # -138 DIFERENCIA OPERACIONES PERDIDAS   CUENTA INICIAL $800 # -174 DIFERENCIA OPERACIONES PERDIDAS   CUENTA INICIAL $ 1.600 # -210 DIFERENCIA OPERACIONES PERDIDAS   CUENTA INICIAL $3.200 # -246 DIFERENCIA OPERACIONES PERDIDAS   CUENTA INICIAL $6.400 # -282 DIFERENCIA OPERACIONES PERDIDAS   CUENTA INICIAL $12.800 # -318 DIFERENCIA OPERACIONES PERDIDAS   CUENTA INICIAL $25.600 # -354 DIFERENCIA OPERACIONES PERDIDAS   CUENTA INICIAL $51.200 # -390 DIFERENCIA OPERACIONES PERDIDAS   CUENTA INICIAL $102.400 # -426 DIFERENCIA OPERACIONES PERDIDAS
DIFERENCIA DE OPERACIONES GANADAS NECESARIAS PARA INCREMENTAR LA CUENTA AL +100%: +70 OPERACIONES
DIFERENCIA DE OPERACIONES GANADAS NECESARIAS PARA INCREMENTAR LA CUENTA AL +50%: +40 OPERACIONES GANADAS
DIFERENCIA DE OPERACIONES GANADAS NECESARIAS PARA INCREMENTAR LA CUENTA AL+25%: +22 OPERACIONES GANADAS
DIFERENCIA DE OPERACIONES GANADAS NECESARIAS PARA INCREMENTAR LA CUENTA AL +10%: +10 OPERACIONES GANADAS
Esta estrategia es de riesgo bajo ya que se usa aproximadamente el 1% en la primer operación y solo si se pone muy a nuestro favor abrimos otra con las posibles ganancias que obtendríamos de la primera operación.
PUNTUACIÓN DE TENDENCIA 1% + 1%: 7 PUNTOS   *RIESGO DE GESTIÓN: BAJO. RECOMENDADA PARA MERCADOS EN CLARA TENDENCIA ALCISTA O BAJISTA YA QUE EN ESTAS CONDICIONES ESTA ESTRATEGIA TIENE UNA MAYOR EFECTIVIDAD YA QUE LA SEGUNDA POSICIÓN SE ABRE ESPECULANDO CON LA PRIMERA.*

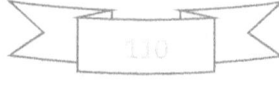

VADO: VENTA ANTICIPADA DE OPERACIONES (RIESGO BAJO)

Dependiendo del Bróker y el instrumento financiero que utilizamos se podrá vender anticipadamente al vencimiento una operación.

La venta anticipada es una excelente gestión en la sesión porque permite asegurar las ganancias cuando una operación se pone muy a nuestro favor y por otro lado permite cuidar el capital cuando vemos que una operación se pone dudosa y no tenemos indicios si se ganara o perderá operación.

COMO USAR LA VENTA ANTICIPADA DE OPERACIONES

La venta anticipada o también llamada scalping es una excelente gestión porque permite hacer algo que generalmente no se puede hacer en el trading: Asegurar los resultados de las operaciones para ganar más y perder menos
La venta anticipada puede tener tres posibles resultados: • *En caso que este muy a favor la operación ofreciendo ganancias menores al beneficio al vencimiento pero ganancia asegurada* • *En caso de que este dudosa la operación se puede vender a un precio cercano al de compra, pudiendo no ganar ni perder o tener una pequeña ganancia o perdida* • *En caso que la operación se ponga muy en contra se puede vender recuperando una pequeña parte de lo que se perdería al vencimiento. (no siempre es conveniente esta opción)*
Este tipo de gestión es realmente optima porque permite mejorar cualquier estrategia de trading básicamente porque hace incrementar los aspectos importantes de la esperanza matemática positiva: • *Permite incrementar el porcentaje de aciertos* • *Permite aumentar positivamente el ratio beneficio riesgo*
Para usar como estrategia la venta anticipada debemos ver qué instrumentos ofrecen mejores beneficios y tener en cuenta que cerrar con una pequeña perdida cuando una operación esta dudosa sirve para proteger el capital y usarlo en otra operación para asegurar ganancias mayores en otras operaciones favorables

ESTADISTICAS DE LA GESTIÓN VADO

La gestión de venta anticipada al vencimiento es altamente efectiva porque permite asegurar ganancias en operaciones muy favorables, asegurar el capital y limitar las pérdidas cuando las operaciones no son muy favorables.

DIFERENCIA DE OPERACIONES PERDIDAS NECESARIAS PARA VACIAR TOTALMENTE LA CUENTA AL -100% USANDO EL 1% POR OPERACIÓN:

CUENTA INICIAL $100 # -100 DIFERENCIA DE OPERACIONES PERDIDAS

CUENTA INICIAL $200 # -170 DIFERENCIA OPERACIONES PERDIDAS

CUENTA INICIAL $400 # -240 DIFERENCIA OPERACIONES PERDIDAS

CUENTA INICIAL $800 # -310 DIFERENCIA OPERACIONES PERDIDAS

CUENTA INICIAL $ 1.600 # -380 DIFERENCIA OPERACIONES PERDIDAS

CUENTA INICIAL $3.200 # -450 DIFERENCIA OPERACIONES PERDIDAS

CUENTA INICIAL $6.400 # -520 DIFERENCIA OPERACIONES PERDIDAS

CUENTA INICIAL $12.800 # -590 DIFERENCIA OPERACIONES PERDIDAS

CUENTA INICIAL $25.600 # -660 DIFERENCIA OPERACIONES PERDIDAS

CUENTA INICIAL $51.200 # -730 DIFERENCIA OPERACIONES PERDIDAS

CUENTA INICIAL $102.400 # -800 DIFERENCIA OPERACIONES PERDIDAS

DIFERENCIA DE OPERACIONES GANADAS NECESARIAS PARA INCREMENTAR LA CUENTA AL +100%: +70 OPERACIONES

DIFERENCIA DE OPERACIONES GANADAS NECESARIAS PARA INCREMENTAR LA CUENTA AL +50%: +40 OPERACIONES GANADAS

DIFERENCIA DE OPERACIONES GANADAS NECESARIAS PARA INCREMENTAR LA CUENTA AL +25%: +22 OPERACIONES GANADAS

DIFERENCIA DE OPERACIONES GANADAS NECESARIAS PARA INCREMENTAR LA CUENTA AL +10%: +8 OPERACIONES GANADAS

Este tipo de gestión también conocido como skalping consiste en sumar pequeñas ganancias en operaciones ganadoras y conservar el capital en las operaciones dudosas o que creemos que podríamos perder.

Una clave para ganar en el Trading es usar estrategias efectivas para evitar perder y conservar el capital, ya que si conservamos el capital tendremos posibilidad de ganar en futuras operaciones de Trading.

PUNTUACIÓN DE VADO: 10 PUNTOS

RIESGO DE GESTIÓN: BAJO

RECOMENDADA PARA AQUELLOS TRADERS QUE ESPERANDO AL CIERRE DE SUS OPERACIONES NO TIENEN BUENOS RESULTADOS PORCENTUALES DE OPERACIONES GANADAS, LA VADO ES EFECTIVA PORQUE PERMITE ASEGURAR GANANCIAS Y RECORTAR PERDIDAS ANTES DE QUE TERMINEN.

Lee el lanzamiento que está ayudando a miles de Traders a alcanzar la rentabilidad:

CAPÍTULO 6

TESTEO DE EFECTIVIDAD DE REGLAS DE LA SESIÓN Y DEL PLAN DE TRADING

Las reglas del plan de trading son fundamentales para tener un plan de trading exitoso y el testeo de efectividad de las mismas es absolutamente necesario para saber si son realmente adecuadas o debemos cambiarlas.

Lo importante es ir testeando cuan efectivas son nuestras reglas de Trading y en caso de no ser efectivas efectuar los cambios correspondientes.

¿CÓMO TESTEAR LA EFECTIVIDAD DE NUESTRAS REGLAS DE TRADING?

La clave para testear la efectividad de nuestras reglas de trading es identificar claramente cuál es la finalidad de dicha regla, cuan fácil es cumplir con la misma regla, que cambios se pueden implementar para el cumplimiento de la misma, si dicha regla sirvió o no para cumplir con el objetivo propuesto, en caso de que dicho objetivo no se cumpla que variantes creen convenientes implementar.

Hay que tener en cuenta que muchas veces las reglas son óptimas pero se nos complica el cumplimiento de las mismas por falta de disciplina, por una mala gestión monetaria o simplemente por no saber manejar adecuadamente nuestras emociones.

Por lo tanto muchas veces no es necesario cambiar la regla específicamente sino implementar alguna otra variante que nos ayude a cumplir con la regla misma ya establecida.

Por ejemplo: Si usamos solo el 10% del capital en una sesión de Trading y al perder nos vemos tentados a recargar más fondos en nuestra cuenta podemos usar una app bloqueadora de aplicaciones por horarios que nos impida hacer recargas fuera de los límites pautados.

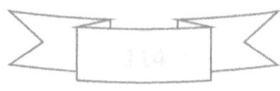

EJEMPLO DE TESTEO DE REGLAS

TEMA: GESTION MONETARIA EN LAS OPERACIONES
REGLA: USAR SOLO EL 1% POR OPERACIÓN
OBJETIVO DE LA REGLA: CUIDAR Y PROTEGER EL CAPITAL DE LA CUENTA DE LAS POSIBLES PÉRDIDAS
EVALUACIÓN DE LOS RESULTADOS OBTENIDOS: POSITIVOS AUNQUE MUCHAS VECES NOS VEMOS TENTADOS A USAR MÁS DEL 1% POR OPERACIÓN.
FACILIDAD O DIFICULTAD PARA CUMPLIR CON LA REGLA: SE NOS DIFICULTA AL GANAR YA QUE NOS TENTAMOS A ABRIR MÁS OPERACIONES
VENTAJAS DE LA REGLA: SI SE CUMPLE ESTRICTAMENTE ES PRACTICAMENTE IMPOSIBLE VACIAR LA CUENTA.
DESVENTAJAS DE LA REGLA: REQUIERE DE GRAN PACIENCIA EN LAS RACHAS PERDEDORAS

TESTEA TUS PROPIAS REGLAS DE TUS SESIONES

TEMA: NUMERO DE SESIONES DIARIAS DE TRADING
REGLA:
OBJETIVO DE LA REGLA:
EVALUACIÓN DE LOS RESULTADOS OBTENIDOS:
FACILIDAD O DIFICULTAD PARA CUMPLIR CON LA REGLA:
VENTAJAS DE LA REGLA:
DESVENTAJAS DE LA REGLA:
POSIBLES CAMBIOS PROPUESTOS PARA CUMPLIR LA REGLA:

TEMA: TIEMPO Y DISTRIBUCION DIARIA PARA OPERAR
REGLA:
OBJETIVO DE LA REGLA:
EVALUACIÓN DE LOS RESULTADOS OBTENIDOS:
FACILIDAD O DIFICULTAD PARA CUMPLIR CON LA REGLA:
VENTAJAS DE LA REGLA:
DESVENTAJAS DE LA REGLA:
POSIBLES CAMBIOS PROPUESTOS PARA CUMPLIR LA REGLA:

TEMA: CANTIDAD DE OPERACIONES POR SESIÓN
REGLA:
OBJETIVO DE LA REGLA:
EVALUACIÓN DE LOS RESULTADOS OBTENIDOS:
FACILIDAD O DIFICULTAD PARA CUMPLIR CON LA REGLA:
VENTAJAS DE LA REGLA:
DESVENTAJAS DE LA REGLA:
POSIBLES CAMBIOS PROPUESTOS PARA CUMPLIR LA REGLA:

TEMA: HORARIOS DE LAS SESIONES DE TRADING
REGLA:
OBJETIVO DE LA REGLA:
EVALUACIÓN DE LOS RESULTADOS OBTENIDOS:
FACILIDAD O DIFICULTAD PARA CUMPLIR CON LA REGLA:
VENTAJAS DE LA REGLA:
DESVENTAJAS DE LA REGLA:
POSIBLES CAMBIOS PROPUESTOS PARA CUMPLIR LA REGLA:

TEMA: METAS DE LA SESIÓN DE TRADING
REGLA:
OBJETIVO DE LA REGLA:
EVALUACIÓN DE LOS RESULTADOS OBTENIDOS:
FACILIDAD O DIFICULTAD PARA CUMPLIR CON LA REGLA:
VENTAJAS DE LA REGLA:
DESVENTAJAS DE LA REGLA:
POSIBLES CAMBIOS PROPUESTOS PARA CUMPLIR LA REGLA:

TEMA: STOP DE PÉRDIDAS DE LA SESIÓN
REGLA:
OBJETIVO DE LA REGLA:
EVALUACIÓN DE LOS RESULTADOS OBTENIDOS:
FACILIDAD O DIFICULTAD PARA CUMPLIR CON LA REGLA:
VENTAJAS DE LA REGLA:
DESVENTAJAS DE LA REGLA:
POSIBLES CAMBIOS PROPUESTOS PARA CUMPLIR LA REGLA:

TEMA: STOP DE GANANCIAS DE LA SESION
REGLA:
OBJETIVO DE LA REGLA:
EVALUACIÓN DE LOS RESULTADOS OBTENIDOS:
FACILIDAD O DIFICULTAD PARA CUMPLIR CON LA REGLA:
VENTAJAS DE LA REGLA:
DESVENTAJAS DE LA REGLA:
POSIBLES CAMBIOS PROPUESTOS PARA CUMPLIR LA REGLA:

TEMA: INSTRUMENTO FINANCIERO ESPECÍFICO
REGLA:
OBJETIVO DE LA REGLA:
EVALUACIÓN DE LOS RESULTADOS OBTENIDOS:
FACILIDAD O DIFICULTAD PARA CUMPLIR CON LA REGLA:
VENTAJAS DE LA REGLA:
DESVENTAJAS DE LA REGLA:
POSIBLES CAMBIOS PROPUESTOS PARA CUMPLIR LA REGLA:

TEMA: BENEFICIO PORCENTUAL DEL INSTRUMENTO
REGLA:
OBJETIVO DE LA REGLA:
EVALUACIÓN DE LOS RESULTADOS OBTENIDOS:
FACILIDAD O DIFICULTAD PARA CUMPLIR CON LA REGLA:
VENTAJAS DE LA REGLA:
DESVENTAJAS DE LA REGLA:
POSIBLES CAMBIOS PROPUESTOS PARA CUMPLIR LA REGLA:

TEMA: ESTRATEGIA OPERATIVA
REGLA:
OBJETIVO DE LA REGLA:
EVALUACIÓN DE LOS RESULTADOS OBTENIDOS:
FACILIDAD O DIFICULTAD PARA CUMPLIR CON LA REGLA:
VENTAJAS DE LA REGLA:
DESVENTAJAS DE LA REGLA:
POSIBLES CAMBIOS PROPUESTOS PARA CUMPLIR LA REGLA:

TEMA: DETALLES DE LA ESTRATEGIA OPERATIVA
REGLA:
OBJETIVO DE LA REGLA:
EVALUACIÓN DE LOS RESULTADOS OBTENIDOS:
FACILIDAD O DIFICULTAD PARA CUMPLIR CON LA REGLA:
VENTAJAS DE LA REGLA:
DESVENTAJAS DE LA REGLA:
POSIBLES CAMBIOS PROPUESTOS PARA CUMPLIR LA REGLA:

TEMA: ESTRATEGIA OPERATIVA

REGLA:

OBJETIVO DE LA REGLA:

EVALUACIÓN DE LOS RESULTADOS OBTENIDOS:

FACILIDAD O DIFICULTAD PARA CUMPLIR CON LA REGLA:

VENTAJAS DE LA REGLA:

DESVENTAJAS DE LA REGLA:

POSIBLES CAMBIOS PROPUESTOS PARA CUMPLIR LA REGLA:

TEMA: DETALLES DE LA ESTRATEGIA OPERATIVA

REGLA:

OBJETIVO DE LA REGLA:

EVALUACIÓN DE LOS RESULTADOS OBTENIDOS:

FACILIDAD O DIFICULTAD PARA CUMPLIR CON LA REGLA:

VENTAJAS DE LA REGLA:

DESVENTAJAS DE LA REGLA:

POSIBLES CAMBIOS PROPUESTOS PARA CUMPLIR LA REGLA:

TEMA: ESTRATEGIA OPERATIVA
REGLA:
OBJETIVO DE LA REGLA:
EVALUACIÓN DE LOS RESULTADOS OBTENIDOS:
FACILIDAD O DIFICULTAD PARA CUMPLIR CON LA REGLA:
VENTAJAS DE LA REGLA:
DESVENTAJAS DE LA REGLA:
POSIBLES CAMBIOS PROPUESTOS PARA CUMPLIR LA REGLA:

TEMA: DETALLES DE LA ESTRATEGIA OPERATIVA
REGLA:
OBJETIVO DE LA REGLA:
EVALUACIÓN DE LOS RESULTADOS OBTENIDOS:
FACILIDAD O DIFICULTAD PARA CUMPLIR CON LA REGLA:
VENTAJAS DE LA REGLA:
DESVENTAJAS DE LA REGLA:
POSIBLES CAMBIOS PROPUESTOS PARA CUMPLIR LA REGLA:

TEMA: ESTRATEGIA OPERATIVA
REGLA:
OBJETIVO DE LA REGLA:
EVALUACIÓN DE LOS RESULTADOS OBTENIDOS:
FACILIDAD O DIFICULTAD PARA CUMPLIR CON LA REGLA:
VENTAJAS DE LA REGLA:
DESVENTAJAS DE LA REGLA:
POSIBLES CAMBIOS PROPUESTOS PARA CUMPLIR LA REGLA:

TEMA: DETALLES DE LA ESTRATEGIA OPERATIVA
REGLA:
OBJETIVO DE LA REGLA:
EVALUACIÓN DE LOS RESULTADOS OBTENIDOS:
FACILIDAD O DIFICULTAD PARA CUMPLIR CON LA REGLA:
VENTAJAS DE LA REGLA:
DESVENTAJAS DE LA REGLA:
POSIBLES CAMBIOS PROPUESTOS PARA CUMPLIR LA REGLA:

TEMA: ESTRATEGIAS PARA GANAR MÁS Y PERDER MENOS
REGLA:
OBJETIVO DE LA REGLA:
EVALUACIÓN DE LOS RESULTADOS OBTENIDOS:
FACILIDAD O DIFICULTAD PARA CUMPLIR CON LA REGLA:
VENTAJAS DE LA REGLA:
DESVENTAJAS DE LA REGLA:
POSIBLES CAMBIOS PROPUESTOS PARA CUMPLIR LA REGLA:

TEMA: ESTRATEGIAS PARA GANAR MAS Y PERDER MENOS
REGLA:
OBJETIVO DE LA REGLA:
EVALUACIÓN DE LOS RESULTADOS OBTENIDOS:
FACILIDAD O DIFICULTAD PARA CUMPLIR CON LA REGLA:
VENTAJAS DE LA REGLA:
DESVENTAJAS DE LA REGLA:
POSIBLES CAMBIOS PROPUESTOS PARA CUMPLIR LA REGLA:

TEMA: ESTRATEGIAS PARA GANAR MAS Y PERDER MENOS
REGLA:
OBJETIVO DE LA REGLA:
EVALUACIÓN DE LOS RESULTADOS OBTENIDOS:
FACILIDAD O DIFICULTAD PARA CUMPLIR CON LA REGLA:
VENTAJAS DE LA REGLA:
DESVENTAJAS DE LA REGLA:
POSIBLES CAMBIOS PROPUESTOS PARA CUMPLIR LA REGLA:

TEMA: ESTRATEGIAS PARA GANAR MAS Y PERDER MENOS
REGLA:
OBJETIVO DE LA REGLA:
EVALUACIÓN DE LOS RESULTADOS OBTENIDOS:
FACILIDAD O DIFICULTAD PARA CUMPLIR CON LA REGLA:
VENTAJAS DE LA REGLA:
DESVENTAJAS DE LA REGLA:
POSIBLES CAMBIOS PROPUESTOS PARA CUMPLIR LA REGLA:

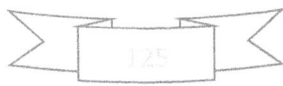

TEMA: ESTRATEGIAS DE GESTION DEL CAPITAL

REGLA:

OBJETIVO DE LA REGLA:

EVALUACIÓN DE LOS RESULTADOS OBTENIDOS:

FACILIDAD O DIFICULTAD PARA CUMPLIR CON LA REGLA:

VENTAJAS DE LA REGLA:

DESVENTAJAS DE LA REGLA:

POSIBLES CAMBIOS PROPUESTOS PARA CUMPLIR LA REGLA:

TEMA: ESTRATEGIAS DE GESTIÓN DEL CAPITAL

REGLA:

OBJETIVO DE LA REGLA:

EVALUACIÓN DE LOS RESULTADOS OBTENIDOS:

FACILIDAD O DIFICULTAD PARA CUMPLIR CON LA REGLA:

VENTAJAS DE LA REGLA:

DESVENTAJAS DE LA REGLA:

POSIBLES CAMBIOS PROPUESTOS PARA CUMPLIR LA REGLA:

TEMA: ESTRATEGIA DE GESTION DEL CAPITAL

REGLA:

OBJETIVO DE LA REGLA:

EVALUACIÓN DE LOS RESULTADOS OBTENIDOS:

FACILIDAD O DIFICULTAD PARA CUMPLIR CON LA REGLA:

VENTAJAS DE LA REGLA:

DESVENTAJAS DE LA REGLA:

POSIBLES CAMBIOS PROPUESTOS PARA CUMPLIR LA REGLA:

TEMA: ESTRATEGIAS DE GESTION DEL CAPITAL

REGLA:

OBJETIVO DE LA REGLA:

EVALUACIÓN DE LOS RESULTADOS OBTENIDOS:

FACILIDAD O DIFICULTAD PARA CUMPLIR CON LA REGLA:

VENTAJAS DE LA REGLA:

DESVENTAJAS DE LA REGLA:

POSIBLES CAMBIOS PROPUESTOS PARA CUMPLIR LA REGLA:

TEMA: EFECTIVIDAD DE LA ESTRATEGIA

REGLA:

OBJETIVO DE LA REGLA:

EVALUACIÓN DE LOS RESULTADOS OBTENIDOS:

FACILIDAD O DIFICULTAD PARA CUMPLIR CON LA REGLA:

VENTAJAS DE LA REGLA:

DESVENTAJAS DE LA REGLA:

POSIBLES CAMBIOS PROPUESTOS PARA CUMPLIR LA REGLA:

TEMA: EFECTIVIDAD DE LA ESTRATEGIA

REGLA:

OBJETIVO DE LA REGLA:

EVALUACIÓN DE LOS RESULTADOS OBTENIDOS:

FACILIDAD O DIFICULTAD PARA CUMPLIR CON LA REGLA:

VENTAJAS DE LA REGLA:

DESVENTAJAS DE LA REGLA:

POSIBLES CAMBIOS PROPUESTOS PARA CUMPLIR LA REGLA:

TEMA: RESULTADOS PORCENTUALES
REGLA:
OBJETIVO DE LA REGLA:
EVALUACIÓN DE LOS RESULTADOS OBTENIDOS:
FACILIDAD O DIFICULTAD PARA CUMPLIR CON LA REGLA:
VENTAJAS DE LA REGLA:
DESVENTAJAS DE LA REGLA:
POSIBLES CAMBIOS PROPUESTOS PARA CUMPLIR LA REGLA:

TEMA: RESULTADOS PORCENTUALES
REGLA:
OBJETIVO DE LA REGLA:
EVALUACIÓN DE LOS RESULTADOS OBTENIDOS:
FACILIDAD O DIFICULTAD PARA CUMPLIR CON LA REGLA:
VENTAJAS DE LA REGLA:
DESVENTAJAS DE LA REGLA:
POSIBLES CAMBIOS PROPUESTOS PARA CUMPLIR LA REGLA:

TEMA: REGISTRO DE OPERACIONES

REGLA:

OBJETIVO DE LA REGLA:

EVALUACIÓN DE LOS RESULTADOS OBTENIDOS:

FACILIDAD O DIFICULTAD PARA CUMPLIR CON LA REGLA:

VENTAJAS DE LA REGLA:

DESVENTAJAS DE LA REGLA:

POSIBLES CAMBIOS PROPUESTOS PARA CUMPLIR LA REGLA:

TEMA: REGISTRO DE OPERACIONES

REGLA:

OBJETIVO DE LA REGLA:

EVALUACIÓN DE LOS RESULTADOS OBTENIDOS:

FACILIDAD O DIFICULTAD PARA CUMPLIR CON LA REGLA:

VENTAJAS DE LA REGLA:

DESVENTAJAS DE LA REGLA:

POSIBLES CAMBIOS PROPUESTOS PARA CUMPLIR LA REGLA:

TEMA: DISCIPLINA
REGLA:
OBJETIVO DE LA REGLA:
EVALUACIÓN DE LOS RESULTADOS OBTENIDOS:
FACILIDAD O DIFICULTAD PARA CUMPLIR CON LA REGLA:
VENTAJAS DE LA REGLA:
DESVENTAJAS DE LA REGLA:
POSIBLES CAMBIOS PROPUESTOS PARA CUMPLIR LA REGLA:

TEMA: DISCIPLINA
REGLA:
OBJETIVO DE LA REGLA:
EVALUACIÓN DE LOS RESULTADOS OBTENIDOS:
FACILIDAD O DIFICULTAD PARA CUMPLIR CON LA REGLA:
VENTAJAS DE LA REGLA:
DESVENTAJAS DE LA REGLA:
POSIBLES CAMBIOS PROPUESTOS PARA CUMPLIR LA REGLA:

TEMA: GESTIÓN PSICOLOGICA
REGLA:
OBJETIVO DE LA REGLA:
EVALUACIÓN DE LOS RESULTADOS OBTENIDOS:
FACILIDAD O DIFICULTAD PARA CUMPLIR CON LA REGLA:
VENTAJAS DE LA REGLA:
DESVENTAJAS DE LA REGLA:
POSIBLES CAMBIOS PROPUESTOS PARA CUMPLIR LA REGLA:

TEMA: GESTIÓN PSICOLOGICA
REGLA:
OBJETIVO DE LA REGLA:
EVALUACIÓN DE LOS RESULTADOS OBTENIDOS:
FACILIDAD O DIFICULTAD PARA CUMPLIR CON LA REGLA:
VENTAJAS DE LA REGLA:
DESVENTAJAS DE LA REGLA:
POSIBLES CAMBIOS PROPUESTOS PARA CUMPLIR LA REGLA:

TESTEO DE REGLAS DEL PLAN DE TRADING

TEMA: DISEÑO Y GESTIÓN DEL PLAN DE TRADING
REGLA:
OBJETIVO DE LA REGLA:
EVALUACIÓN DE LOS RESULTADOS OBTENIDOS:
FACILIDAD O DIFICULTAD PARA CUMPLIR CON LA REGLA:
VENTAJAS DE LA REGLA:
DESVENTAJAS DE LA REGLA:
POSIBLES CAMBIOS PROPUESTOS PARA CUMPLIR LA REGLA:
TEMA: DISEÑO Y GESTIÓN DEL PLAN DE TRADING
REGLA:
OBJETIVO DE LA REGLA:
EVALUACIÓN DE LOS RESULTADOS OBTENIDOS:
FACILIDAD O DIFICULTAD PARA CUMPLIR CON LA REGLA:
VENTAJAS DE LA REGLA:
DESVENTAJAS DE LA REGLA:
POSIBLES CAMBIOS PROPUESTOS PARA CUMPLIR LA REGLA:

TEMA: DISEÑO Y GESTIÓN DEL PLAN DE TRADING
REGLA:
OBJETIVO DE LA REGLA:
EVALUACIÓN DE LOS RESULTADOS OBTENIDOS:
FACILIDAD O DIFICULTAD PARA CUMPLIR CON LA REGLA:
VENTAJAS DE LA REGLA:
DESVENTAJAS DE LA REGLA:
POSIBLES CAMBIOS PROPUESTOS PARA CUMPLIR LA REGLA:

TEMA: DISEÑO Y GESTIÓN DEL PLAN DE TRADING
REGLA:
OBJETIVO DE LA REGLA:
EVALUACIÓN DE LOS RESULTADOS OBTENIDOS:
FACILIDAD O DIFICULTAD PARA CUMPLIR CON LA REGLA:
VENTAJAS DE LA REGLA:
DESVENTAJAS DE LA REGLA:
POSIBLES CAMBIOS PROPUESTOS PARA CUMPLIR LA REGLA:

TEMA: ESTRATEGIA DE TRADING
REGLA:
OBJETIVO DE LA REGLA:
EVALUACIÓN DE LOS RESULTADOS OBTENIDOS:
FACILIDAD O DIFICULTAD PARA CUMPLIR CON LA REGLA:
VENTAJAS DE LA REGLA:
DESVENTAJAS DE LA REGLA:
POSIBLES CAMBIOS PROPUESTOS PARA CUMPLIR LA REGLA:

TEMA: ESTRATEGIA DE TRADING
REGLA:
OBJETIVO DE LA REGLA:
EVALUACIÓN DE LOS RESULTADOS OBTENIDOS:
FACILIDAD O DIFICULTAD PARA CUMPLIR CON LA REGLA:
VENTAJAS DE LA REGLA:
DESVENTAJAS DE LA REGLA:
POSIBLES CAMBIOS PROPUESTOS PARA CUMPLIR LA REGLA:

TEMA: ESTRATEGIA DE TRADING
REGLA:
OBJETIVO DE LA REGLA:
EVALUACIÓN DE LOS RESULTADOS OBTENIDOS:
FACILIDAD O DIFICULTAD PARA CUMPLIR CON LA REGLA:
VENTAJAS DE LA REGLA:
DESVENTAJAS DE LA REGLA:
POSIBLES CAMBIOS PROPUESTOS PARA CUMPLIR LA REGLA:

TEMA: ESTRATEGIA DE TRADING
REGLA:
OBJETIVO DE LA REGLA:
EVALUACIÓN DE LOS RESULTADOS OBTENIDOS:
FACILIDAD O DIFICULTAD PARA CUMPLIR CON LA REGLA:
VENTAJAS DE LA REGLA:
DESVENTAJAS DE LA REGLA:
POSIBLES CAMBIOS PROPUESTOS PARA CUMPLIR LA REGLA:

TEMA: GESTIÓN MONETARIA
REGLA:
OBJETIVO DE LA REGLA:
EVALUACIÓN DE LOS RESULTADOS OBTENIDOS:
FACILIDAD O DIFICULTAD PARA CUMPLIR CON LA REGLA:
VENTAJAS DE LA REGLA:
DESVENTAJAS DE LA REGLA:
POSIBLES CAMBIOS PROPUESTOS PARA CUMPLIR LA REGLA:

TEMA: GESTIÓN MONETARIA
REGLA:
OBJETIVO DE LA REGLA:
EVALUACIÓN DE LOS RESULTADOS OBTENIDOS:
FACILIDAD O DIFICULTAD PARA CUMPLIR CON LA REGLA:
VENTAJAS DE LA REGLA:
DESVENTAJAS DE LA REGLA:
POSIBLES CAMBIOS PROPUESTOS PARA CUMPLIR LA REGLA:

TEMA: GESTIÓN MONETARIA
REGLA:
OBJETIVO DE LA REGLA:
EVALUACIÓN DE LOS RESULTADOS OBTENIDOS:
FACILIDAD O DIFICULTAD PARA CUMPLIR CON LA REGLA:
VENTAJAS DE LA REGLA:
DESVENTAJAS DE LA REGLA:
POSIBLES CAMBIOS PROPUESTOS PARA CUMPLIR LA REGLA:

TEMA: GESTIÓN MONETARIA
REGLA:
OBJETIVO DE LA REGLA:
EVALUACIÓN DE LOS RESULTADOS OBTENIDOS:
FACILIDAD O DIFICULTAD PARA CUMPLIR CON LA REGLA:
VENTAJAS DE LA REGLA:
DESVENTAJAS DE LA REGLA:
POSIBLES CAMBIOS PROPUESTOS PARA CUMPLIR LA REGLA:

TEMA: GESTIÓN DE RIESGOS
REGLA:
OBJETIVO DE LA REGLA:
EVALUACIÓN DE LOS RESULTADOS OBTENIDOS:
FACILIDAD O DIFICULTAD PARA CUMPLIR CON LA REGLA:
VENTAJAS DE LA REGLA:
DESVENTAJAS DE LA REGLA:
POSIBLES CAMBIOS PROPUESTOS PARA CUMPLIR LA REGLA:

TEMA: GESTIÓN DE RIESGOS
REGLA:
OBJETIVO DE LA REGLA:
EVALUACIÓN DE LOS RESULTADOS OBTENIDOS:
FACILIDAD O DIFICULTAD PARA CUMPLIR CON LA REGLA:
VENTAJAS DE LA REGLA:
DESVENTAJAS DE LA REGLA:
POSIBLES CAMBIOS PROPUESTOS PARA CUMPLIR LA REGLA:

TEMA: GESTIÓN DE RIESGOS
REGLA:
OBJETIVO DE LA REGLA:
EVALUACIÓN DE LOS RESULTADOS OBTENIDOS:
FACILIDAD O DIFICULTAD PARA CUMPLIR CON LA REGLA:
VENTAJAS DE LA REGLA:
DESVENTAJAS DE LA REGLA:
POSIBLES CAMBIOS PROPUESTOS PARA CUMPLIR LA REGLA:

TEMA: GESTIÓN DE RIESGOS
REGLA:
OBJETIVO DE LA REGLA:
EVALUACIÓN DE LOS RESULTADOS OBTENIDOS:
FACILIDAD O DIFICULTAD PARA CUMPLIR CON LA REGLA:
VENTAJAS DE LA REGLA:
DESVENTAJAS DE LA REGLA:
POSIBLES CAMBIOS PROPUESTOS PARA CUMPLIR LA REGLA:

TEMA: GESTIÓN PSICOLOGICA
REGLA:
OBJETIVO DE LA REGLA:
EVALUACIÓN DE LOS RESULTADOS OBTENIDOS:
FACILIDAD O DIFICULTAD PARA CUMPLIR CON LA REGLA:
VENTAJAS DE LA REGLA:
DESVENTAJAS DE LA REGLA:
POSIBLES CAMBIOS PROPUESTOS PARA CUMPLIR LA REGLA:

TEMA: GESTIÓN PSICOLOGICA
REGLA:
OBJETIVO DE LA REGLA:
EVALUACIÓN DE LOS RESULTADOS OBTENIDOS:
FACILIDAD O DIFICULTAD PARA CUMPLIR CON LA REGLA:
VENTAJAS DE LA REGLA:
DESVENTAJAS DE LA REGLA:
POSIBLES CAMBIOS PROPUESTOS PARA CUMPLIR LA REGLA:

TEMA: GESTIÓN PSICOLOGICA
REGLA:
OBJETIVO DE LA REGLA:
EVALUACIÓN DE LOS RESULTADOS OBTENIDOS:
FACILIDAD O DIFICULTAD PARA CUMPLIR CON LA REGLA:
VENTAJAS DE LA REGLA:
DESVENTAJAS DE LA REGLA:
POSIBLES CAMBIOS PROPUESTOS PARA CUMPLIR LA REGLA:

TEMA: GESTIÓN PSICOLOGICA
REGLA:
OBJETIVO DE LA REGLA:
EVALUACIÓN DE LOS RESULTADOS OBTENIDOS:
FACILIDAD O DIFICULTAD PARA CUMPLIR CON LA REGLA:
VENTAJAS DE LA REGLA:
DESVENTAJAS DE LA REGLA:
POSIBLES CAMBIOS PROPUESTOS PARA CUMPLIR LA REGLA:

TEMA: GESTIÓN DE LA DISCIPLINA
REGLA:
OBJETIVO DE LA REGLA:
EVALUACIÓN DE LOS RESULTADOS OBTENIDOS:
FACILIDAD O DIFICULTAD PARA CUMPLIR CON LA REGLA:
VENTAJAS DE LA REGLA:
DESVENTAJAS DE LA REGLA:
POSIBLES CAMBIOS PROPUESTOS PARA CUMPLIR LA REGLA:

TEMA: GESTIÓN DE LA DISCIPLINA
REGLA:
OBJETIVO DE LA REGLA:
EVALUACIÓN DE LOS RESULTADOS OBTENIDOS:
FACILIDAD O DIFICULTAD PARA CUMPLIR CON LA REGLA:
VENTAJAS DE LA REGLA:
DESVENTAJAS DE LA REGLA:
POSIBLES CAMBIOS PROPUESTOS PARA CUMPLIR LA REGLA:

TEMA: GESTIÓN DE LA DISCIPLINA

REGLA:

OBJETIVO DE LA REGLA:

EVALUACIÓN DE LOS RESULTADOS OBTENIDOS:

FACILIDAD O DIFICULTAD PARA CUMPLIR CON LA REGLA:

VENTAJAS DE LA REGLA:

DESVENTAJAS DE LA REGLA:

POSIBLES CAMBIOS PROPUESTOS PARA CUMPLIR LA REGLA:

TEMA: GESTIÓN DE LA DISCIPLINA

REGLA:

OBJETIVO DE LA REGLA:

EVALUACIÓN DE LOS RESULTADOS OBTENIDOS:

FACILIDAD O DIFICULTAD PARA CUMPLIR CON LA REGLA:

VENTAJAS DE LA REGLA:

DESVENTAJAS DE LA REGLA:

POSIBLES CAMBIOS PROPUESTOS PARA CUMPLIR LA REGLA:

CAPÍTULO 7

TESTEOS Y TABLAS PARA COMPROBAR EFECTIVIDAD DE GESTIÓN MONETARIA Y DE RIESGOS DEL PLAN

La gestión monetaria y de riesgos van de la mano ya que los riesgos de sufrir grandes pérdidas o no depende del capital que se invierta en cada operación de Trading.

Una cuenta de Trading con una excelente gestión monetaria es una de las claves para conservar la cuenta con fondos y hacerla crecer poco a poco, nuestro primer objetivo o meta en el plan de Trading es cuidar y proteger la cuenta de las perdidas ya que para ganar es necesario conservar la cuenta ya que una vez que la cuenta se vacía no tenemos posibilidad de ganar a futuro.

Uno de los principales problemas con los Traders es que quieren ganar mucho dinero muy rápido por lo que usan mucho capital en sus operaciones y así como aumentan la posibilidad de obtener mejores beneficios asumen mayores riesgos de sufrir grandes pérdidas.

La clave para no sufrir grandes pérdidas y conservar la cuenta es usar siempre el mismo porcentaje del capital por operación y jamás variarlo por emociones, por ambición de querer ganar más o ánimo de revancha queriendo recuperar pérdidas anteriores.

Desde ya se necesita una estrategia efectiva con esperanza matemática positiva para ganar, pero cabe aclarar que una estrategia efectiva sin una excelente gestión monetaria no sirve de mucho ya que usar porcentajes excesivos de capital en las operaciones tarde o temprano produce grandes pérdidas.

"La clave para ser rentable en el trading es usar una estrategia con esperanza matemática positiva con una excelente gestión monetaria realizando muchas operaciones con poco capital por operación, la ley de los grandes números hace ganar en el tiempo"

¿POR QUE CUIDAR MINUCIOSAMENTE EL CAPITAL?

Cada perdida grande que se produce en la cuenta de Trading implica la necesidad de obtener grandes beneficios para recuperarse.

Las perdidas pequeñas y razonables no implican la necesidad de grandes ganancias para poder recuperarse.

El siguiente cuadro nos muestra que beneficios son necesarios obtener para recuperarse de las perdidas.

BENEFICIOS NECESARIOS PARA RECUPERAR PERDIDAS

PERDIDA PORCENTUAL	GANANCIA NECESARIA PARA RECUPERAR PERDIDAS
2%	2..04%
5%	5.26%
10%	11.1%
20%	25%
30%	42.85%
40%	66.6%
50%	100%
60%	150%
70%	233%
80%	400%
90%	900%
100%	SIN POSIBILIDAD DE RECUPERACIÓN

Este cuadro muestra los porcentajes necesarios solo para recuperar perdidas y dejar la cuenta al mismo nivel que estaba al iniciar.

Los cálculos se sacan en forma sencilla dividiendo el 100% sobre el porcentaje que nos quedo en la cuenta y restándole 1 y multiplicándolo por 100:

Por ejemplo: Si tengo un capital total de 100 dólares equivalentes al 100% y pierdo 20 dólares equivalentes al 20% se divide 100% sobre el 80% que nos quedo en cuenta.

100/80 – 1 x 100 = 0.25 x 100 = 25% Esta cuenta nos indica que se necesita ganar un 25% del valor de la cuenta solo para recuperar un 20% perdido.

Vamos a otro ejemplo: Si tengo un capital de 100 dólares y pierdo el 80% me quedaría solo un 20% o 20 dólares, en este caso la cuenta seria dividir el 100% sobre los que me quedo que es el 20% restándole 1 y multiplicándolo por 100.

100/20 -1 x 100 = 5 – 1 x 100= 4 x 100= 400%

Como vemos en este caso se necesita ganar un 400% de la cuenta para recuperar las pérdidas del 80%

Por el contrario cada vez que ganamos necesitamos menos beneficios para acercarnos a nuestras metas de trading

BENEFICIOS NECESARIOS PARA ALCANZAR NUESTRAS METAS DEL 100% CUANDO GANAMOS

BENEFICIO PORCENTUAL	BENEFICIO NECESARIO PARA ALCANZAR METAS
0%	*100%*
10%	*81%*
25%	*60%*
50%	*33%*
75%	*14%*
90%	*5.26%*

Como observamos en el cuadro si tenemos una meta de llegar al 100% de beneficios cada vez que ganamos y crece nuestra cuenta porcentualmente se necesitan menos beneficios para llegar a la meta.
¿Cómo se calcula esto?

Si con una cuenta de trading de 100 dólares quisiéramos que llegue a 200 dólares necesitamos un 100% de beneficios pero cada vez que va creciendo nuestra cuenta se va necesitando menos resultados porcentuales para llegar a la meta.

Por ejemplo si se obtuviera después de un tiempo un 50% de beneficios

Se suma el capital inicial expresado en porcentaje + la meta expresada en porcentaje:

100% capital inicial + 100% meta = 200 %

Y luego se divide este valor sobre el capital inicial expresado en porcentaje 100% más los beneficios obtenidos hasta el momento expresado en porcentaje:

Por ejemplo: 100% capital inicial + 50% de beneficios = 150%

200% / 150% nos da un 33.33% para llegar a la meta planteada.

Como vemos en ambos ejemplos cuando perdemos fondos abruptamente necesitamos resultados porcentuales exorbitantes para recuperar la cuenta, mientras que cuando vamos incrementando y ganado poco a poco la cuenta necesitara menores resultados porcentuales para alcanzar nuestras metas de trading.

PÉRDIDAS CONSECUTIVAS NECESARIAS PARA VACIAR LA CUENTA

Ahora vamos a ver qué cantidad de perdidas consecutivas o diferencia entre operaciones perdidas sobre ganadas se necesitan para vaciar una cuenta de trading y porque es importante tener en cuenta estos datos estadísticos para crear nuestra propia gestión monetaria en busca de la rentabilidad, este dato es fundamental a la hora de diseñar nuestro plan de trading en búsqueda de reducir riesgos ya que como veremos en el siguiente cuadro hay enormes diferencias entre los porcentajes usados.

En los siguientes cuadros veremos a grandes rasgos que diferencia de operaciones perdidas sobre operaciones ganadas son necesarias para vaciar la cuenta de Trading dependiendo del porcentaje de capital que se utilice por cada operación de Trading.

CUADRO DE DIFERENCIA DE OPERACIONES PERDIDAS PARA VACIAR LA CUENTA DE TRADING

Es importante aclarar que cuanto más grande es la cuenta de trading más difícil es vaciarla usando una excelente gestión monetaria.

PORCENTAJE POR OPERACIÓN	CUENTA INICIAL DE $100	CUENTA INICIAL DE $200	CUENTA INICIAL DE $400	CUENTA INICIAL DE $800	CUENTA INICIAL DE $1600
1%	-100 DOPPVC	-166 DOPPVC	-232 DOPPVC	-298 DOPPVC	-364 DOPPVC
2%	-50 DOPPVC	-83 DOPPVC	-116 DOPPVC	-149 DOPPVC	-182 DOPPVC
3%	-33 DOPPVC	-55 DOPPVC	-77 DOPPVC	-99 DOPPVC	-121 DOPPVC
4%	-25 DOPPVC	-41 DOPPVC	-57 DOPPVC	-73 DOPPVC	-89 DOPPVC
5%	-20 DOPPVC	-33 DOPPVC	-46 DOPPVC	-59 DOPPVC	-72 DOPPVC
6%	-16 DOPPVC	-27 DOPPVC	-37 DOPPVC	-48 DOPPVC	-59 DOPPVC
7%	-14 DOPPVC	-23 DOPPVC	-32 DOPPVC	-41 DOPPVC	-50 DOPPVC
8%	-12 DOPPVC	-20 DOPPVC	-28 DOPPVC	-36 DOPPVC	-44 DOPPVC
9%	-11 DOPPVC	-18 DOPPVC	-25 DOPPVC	-32 DOPPVC	-39 DOPPVC
10%	-10 DOPPVC	-16 DOPPVC	-24 DOPPVC	-30 DOPPVC	-36 DOPPVC

- **DOPPVC: DIFERENCIA DE OPERACIONES PERDIDAS PARA VACIAR LA CUENTA**

- *Como observamos en el cuadro usar el 1% por operación es la mejor gestión monetaria ya que se reduce notablemente el riesgo ya que se necesitan una diferencia de operaciones perdedoras sobre ganadoras muy amplia para vaciar la cuenta, resulta muy difícil tener una diferencia de -166 operaciones perdedoras con una pequeña cuenta de $200.*
- *Usar el 2% por operación incrementa al doble el riesgo y ni hablar de porcentajes mayores, donde con solo una diferencia de 20 o 30 operaciones perdidas puede llevar a vaciar la cuenta de trading.*

CUADRO DE INCREMENTO DE CANTIDAD DE OPERACIONES PARA VACIAR LA CUENTA CADA 100% DE BENEFICIOS

Cuando la cuenta de Trading crece se incrementan las cantidades de operaciones perdedoras necesarias para vaciar la cuenta de trading, especialmente se genera un incremento cuando se utilizan menores porcentajes del capital por operación.

PORCENTAJE POR OPERACION	CUENTA INICIAL DE $100	CUENTA INICIAL DE $200	CUENTA INICIAL DE $400	CUENTA INICIAL DE $800	CUENTA INICIAL DE $1600
1%	-100 DOPPVC	AUM -66 DOPPVC T -166	AUM -66 DOPPVC T – 232	AUM -66 DOPPVC T-298	AUM -66 DOPPVC T-364
2%	-50 DOPPVC	AUM-33 DOPPVC T-83	AUM-33 DOPPVC T-116	AUM-33 DOPPVC T-149	AUM-33 DOPPVC T-182
3%	-33 DOPPVC	AUM-22 DOPPVC T-55	AUM-22 DOPPVC T-77	AUM-22 DOPPVC T-99	AUM-22 DOPPVC T-121
4%	-25 DOPPVC	AUM-16 DOPPVC T-41	AUM-16 DOPPVC T-57	AUM-16 DOPPVC T-73	AUM-16 DOPPVC T-89
5%	-20 DOPPVC	AUM-13 DOPPVC T-33	AUM-13 DOPPVC T-46	AUM-13 DOPPVC T-59	AUM-13 DOPPVC T-72
6%	-16 DOPPVC	AUM-11 DOPPVC T-27	AUM-11 DOPPVC T-38	AUM-11 DOPPVC T-49	AUM-11 DOPPVC T-60
7%	-14 DOPPVC	AUM-9 DOPPVC -23T	AUM-9 DOPPVC T-32	AUM-9 DOPPVC T-41	AUM-9 DOPPVC T-50
8%	-12 DOPPVC	AUM-8 DOPPVC T-20	AUM-8 DOPPVC T-28	AUM-8 DOPPVC T-36	AUM-8 DOPPVC T-44
9%	-11 DOPPVC	AUM-7 DOPPVC T-18	AUM-7 DOPPVC T-25	AUM-7 DOPPVC T-32	AUM-7 DOPPVC T-39
10%	-10 DOPPVC	AUM-6 DOPPVC T-16	AUM-6 DOPPVC T-22	AUM-6 DOPPVC T-28	AUM-6 DOPPVC T-34

- *AUM: AUMENTO DE DIFERENCIA DE OPERACIONES PARA VACIAR LA CUENTA CADA VEZ QUE SE INCREMENTA LA CUENTA EN UN +100% DE BENEFICIOS.*
- *DOPPVC: DIFERENCIA DE OPERACIONES PERDIDAS PARA VACIAR LA CUENTA DE TRADING*
- *T: TOTAL DE DIFERENCIA PERDEDORAS SOBRE GANADORAS PARA VACIAR LA CUENTA*

Del análisis de este cuadro podemos ver que cuanto más grande es la cuenta de Trading más difícil es vaciarla utilizando una excelente gestión monetaria con muchas operaciones de poco capital. Por ejemplo usando el 1% por operación con una cuenta inicial de $1.600 dólares se necesitan perder 364 veces en forma consecutiva para vaciar la cuenta o tener una diferencia de -364 operaciones perdidas sobre ganadas.
Teniendo una estrategia con esperanza matemática positiva y usando una excelente gestión monetaria es prácticamente imposible obtener una diferencia de -364 operaciones perdidas.

Lo que puede suceder es que se nos dé una racha negativa de operaciones perdedoras pero jamás será de esa gran cantidad de operaciones.

Por otra parte si observamos el otro extremo de la tabla podemos ver que usando el 10% del capital por cada operación solo se necesita una diferencia de -34 operaciones perdidas sobre ganadas para vaciar una cuenta de Trading partiendo desde $1.600 dólares.

"La clave de la rentabilidad en el Trading es pensarlo en función de probabilidades, cuanto más se cuide la cuenta usando una excelente gestión monetaria habrá menos posibilidades de vaciar la cuenta o sufrir grandes pérdidas y más posibilidades de que la cuenta crezca poco a poco exponencialmente".

TIPOS DE GESTIÓN MONETARIA Y RIESGOS POR ETAPAS

GESTION MONETARIA 1% RIESGO BAJO

ETAPA/CAPITAL	DIFERENCIA DE OPERACIONES PÉRDIDAS NECESARIAS PARA VACIAR LA CUENTA USANDO EL 1% POR OPERACIÓN
1 = $100 DÓLARES	-100 OPERACIONES PERDIDAS
2 = $200 DÓLARES	-166 OPERACIONES PERDIDAS
3 = $400 DÓLARES	-232 OPERACIONES PERDIDAS
4 = $800 DÓLARES	-298 OPERACIONES PERDIDAS
5 = $1.600 DÓLARES	-364 OPERACIONES PERDIDAS
6 = $3.200 DÓLARES	-430 OPERACIONES PERDIDAS
7 = $6.400 DÓLARES	-496 OPERACIONES PERDIDAS
8 = $12.800 DÓLARES	-562 OPERACIONES PERDIDAS
9 = $25.600 DÓLARES	-628 OPERACIONES PERDIDAS
10 = $51.200 DÓLARES	-694 OPERACIONES PERDIDAS
11 = $102.400 DÓLARES	-760 OPERACIONES PERDIDAS

ETAPA/CAPITAL	DIFERENCIA DE OPERACIONES PÉRDIDAS NECESARIAS PARA VACIAR LA CUENTA USANDO EL 2% POR OPERACIÓN
1 = $100 DÓLARES	-50 OPERACIONES PERDIDAS
2 = $200 DÓLARES	-83 OPERACIONES PERDIDAS
3 = $400 DÓLARES	-116 OPERACIONES PERDIDAS
4 = $800 DÓLARES	-149 OPERACIONES PERDIDAS
5 = $1.600 DÓLARES	-182 OPERACIONES PERDIDAS
6 = $3.200 DÓLARES	-215 OPERACIONES PERDIDAS
7 = $6.400 DÓLARES	-248 OPERACIONES PERDIDAS
8 = $12.800 DÓLARES	-281 OPERACIONES PERDIDAS
9 = $25.600 DÓLARES	-314 OPERACIONES PERDIDAS
10 = $51.200 DÓLARES	-347 OPERACIONES PERDIDAS
11 = $102.400 DÓLARES	-380 OPERACIONES PERDIDAS

ETAPA/CAPITAL	DIFERENCIA DE OPERACIONES PÉRDIDAS NECESARIAS PARA VACIAR LA CUENTA USANDO EL 3% POR OPERACIÓN
1 = $100 DÓLARES	-33 OPERACIONES PERDIDAS
2 = $200 DÓLARES	-55 OPERACIONES PERDIDAS
3 = $400 DÓLARES	-77 OPERACIONES PERDIDAS
4 = $800 DÓLARES	-99 OPERACIONES PERDIDAS
5 = $1.600 DÓLARES	-121 OPERACIONES PERDIDAS
6 = $3.200 DÓLARES	-143 OPERACIONES PERDIDAS
7 = $6.400 DÓLARES	-155 OPERACIONES PERDIDAS
8 = $12.800 DÓLARES	-177 OPERACIONES PERDIDAS
9 = $25.600 DÓLARES	-199 OPERACIONES PERDIDAS
10 = $51.200 DÓLARES	-221 OPERACIONES PERDIDAS
11 = $102.400 DÓLARES	-243 OPERACIONES PERDIDAS

ETAPA/CAPITAL	DIFERENCIA DE OPERACIONES PÉRDIDAS NECESARIAS PARA VACIAR LA CUENTA USANDO EL 4% POR OPERACIÓN
1 = $100 DÓLARES	-25 OPERACIONES PERDIDAS
2 = $200 DÓLARES	-41 OPERACIONES PERDIDAS
3 = $400 DÓLARES	-57 OPERACIONES PERDIDAS
4 = $800 DÓLARES	-73 OPERACIONES PERDIDAS
5 = $1.600 DÓLARES	-99 OPERACIONES PERDIDAS
6 = $3.200 DÓLARES	-115 OPERACIONES PERDIDAS
7 = $6.400 DÓLARES	-131 OPERACIONES PERDIDAS
8 = $12.800 DÓLARES	-147 OPERACIONES PERDIDAS
9 = $25.600 DÓLARES	-163 OPERACIONES PERDIDAS
10 = $51.200 DÓLARES	-179 OPERACIONES PERDIDAS
11 = $102.400 DÓLARES	-195 OPERACIONES PERDIDAS

ETAPA/CAPITAL	DIFERENCIA DE OPERACIONES PÉRDIDAS NECESARIAS PARA VACIAR LA CUENTA USANDO EL 5% POR OPERACIÓN
1 = $100 DÓLARES	-20 OPERACIONES PERDIDAS
2 = $200 DÓLARES	-33 OPERACIONES PERDIDAS
3 = $400 DÓLARES	-46 OPERACIONES PERDIDAS
4 = $800 DÓLARES	-59 OPERACIONES PERDIDAS
5 = $1.600 DÓLARES	-72 OPERACIONES PERDIDAS
6 = $3.200 DÓLARES	-85 OPERACIONES PERDIDAS
7 = $6.400 DÓLARES	-98 OPERACIONES PERDIDAS
8 = $12.800 DÓLARES	-111 OPERACIONES PERDIDAS
9 = $25.600 DÓLARES	-124 OPERACIONES PERDIDAS
10 = $51.200 DÓLARES	-137 OPERACIONES PERDIDAS
11 = $102.400 DÓLARES	-150 OPERACIONES PERDIDAS

GESTION MONETARIA 6% RIESGO ALTO	
ETAPA/CAPITAL	*DIFERENCIA DE OPERACIONES PÉRDIDAS NECESARIAS PARA VACIAR LA CUENTA USANDO EL 6% POR OPERACIÓN*
1 = $100 DÓLARES	*-16 OPERACIONES PERDIDAS*
2 = $200 DÓLARES	*-27 OPERACIONES PERDIDAS*
3 = $400 DÓLARES	*-38 OPERACIONES PERDIDAS*
4 = $800 DÓLARES	*-49 OPERACIONES PERDIDAS*
5 = $1.600 DÓLARES	*-60 OPERACIONES PERDIDAS*
6 = $3.200 DÓLARES	*-71 OPERACIONES PERDIDAS*
7 = $6.400 DÓLARES	*-82 OPERACIONES PERDIDAS*
8 = $12.800 DÓLARES	*-93 OPERACIONES PERDIDAS*
9 = $25.600 DÓLARES	*-104 OPERACIONES PERDIDAS*
10 = $51.200 DÓLARES	*-115 OPERACIONES PERDIDAS*
11 = $102.400 DÓLARES	*-126 OPERACIONES PERDIDAS*

ETAPA/CAPITAL	DIFERENCIA DE OPERACIONES PÉRDIDAS NECESARIAS PARA VACIAR LA CUENTA USANDO EL 7% POR OPERACIÓN
1 = $100 DÓLARES	-14 OPERACIONES PERDIDAS
2 = $200 DÓLARES	-23 OPERACIONES PERDIDAS
3 = $400 DÓLARES	-32 OPERACIONES PERDIDAS
4 = $800 DÓLARES	-41 OPERACIONES PERDIDAS
5 = $1.600 DÓLARES	-50 OPERACIONES PERDIDAS
6 = $3.200 DÓLARES	-59 OPERACIONES PERDIDAS
7 = $6.400 DÓLARES	-68 OPERACIONES PERDIDAS
8 = $12.800 DÓLARES	-77 OPERACIONES PERDIDAS
9 = $25.600 DÓLARES	-86 OPERACIONES PERDIDAS
10 = $51.200 DÓLARES	-95 OPERACIONES PERDIDAS
11 = $102.400 DÓLARES	-104 OPERACIONES PERDIDAS

ETAPA/CAPITAL	DIFERENCIA DE OPERACIONES PÉRDIDAS NECESARIAS PARA VACIAR LA CUENTA USANDO EL 8% POR OPERACIÓN
1 = $100 DÓLARES	-12 OPERACIONES PERDIDAS
2 = $200 DÓLARES	-20 OPERACIONES PERDIDAS
3 = $400 DÓLARES	-28 OPERACIONES PERDIDAS
4 = $800 DÓLARES	-36 OPERACIONES PERDIDAS
5 = $1.600 DÓLARES	-44 OPERACIONES PERDIDAS
6 = $3.200 DÓLARES	-52 OPERACIONES PERDIDAS
7 = $6.400 DÓLARES	-60 OPERACIONES PERDIDAS
8 = $12.800 DÓLARES	-68 OPERACIONES PERDIDAS
9 = $25.600 DÓLARES	-76 OPERACIONES PERDIDAS
10 = $51.200 DÓLARES	-84 OPERACIONES PERDIDAS
11 = $102.400 DÓLARES	-92 OPERACIONES PERDIDAS

ETAPA/CAPITAL	DIFERENCIA DE OPERACIONES PÉRDIDAS NECESARIAS PARA VACIAR LA CUENTA USANDO EL 9% POR OPERACIÓN
1 = $100 DÓLARES	-11 OPERACIONES PERDIDAS
2 = $200 DÓLARES	-18 OPERACIONES PERDIDAS
3 = $400 DÓLARES	-25 OPERACIONES PERDIDAS
4 = $800 DÓLARES	-32 OPERACIONES PERDIDAS
5 = $1.600 DÓLARES	-39 OPERACIONES PERDIDAS
6 = $3.200 DÓLARES	-46 OPERACIONES PERDIDAS
7 = $6.400 DÓLARES	-53 OPERACIONES PERDIDAS
8 = $12.800 DÓLARES	-60 OPERACIONES PERDIDAS
9 = $25.600 DÓLARES	-67 OPERACIONES PERDIDAS
10 = $51.200 DÓLARES	-74 OPERACIONES PERDIDAS
11 = $102.400 DÓLARES	-81 OPERACIONES PERDIDAS

ETAPA/CAPITAL	DIFERENCIA DE OPERACIONES PÉRDIDAS NECESARIAS PARA VACIAR LA CUENTA USANDO EL 10% POR OPERACIÓN
1 = $100 DÓLARES	-10 OPERACIONES PERDIDAS
2 = $200 DÓLARES	-16 OPERACIONES PERDIDAS
3 = $400 DÓLARES	-22 OPERACIONES PERDIDAS
4 = $800 DÓLARES	-28 OPERACIONES PERDIDAS
5 = $1.600 DÓLARES	-34 OPERACIONES PERDIDAS
6 = $3.200 DÓLARES	-40 OPERACIONES PERDIDAS
7 = $6.400 DÓLARES	-46 OPERACIONES PERDIDAS
8 = $12.800 DÓLARES	-52 OPERACIONES PERDIDAS
9 = $25.600 DÓLARES	-58 OPERACIONES PERDIDAS
10 = $51.200 DÓLARES	-64 OPERACIONES PERDIDAS
11 = $102.400 DÓLARES	-70 OPERACIONES PERDIDAS

CAPÍTULO 8:

TESTEO DE EFECTIVIDAD DE LA GESTIÓN PSICOLÓGICA DEL PLAN

La rentabilidad en el Trading depende de la capacidad para resolver los múltiples problemas que se presentan a la hora de operar.
Los problemas que se nos presentan generan emociones diversas que pueden afectar positivamente o negativamente en nuestras operaciones de Trading.

¿Qué emociones puede generar el Trading?

- *MIEDO:* Surge cuando se sufren pérdidas, es importante controlar el miedo a perder y que este no nos paralice a la hora de operar ya que nos puede llevar a tomar malas decisiones basadas en emociones en lugar de razonar en termino de probabilidades.
- *CODICIA:* Si te empiezas a alejar de tu estrategia y plan de Trading solo con intención de ganar más dinero te estará ganando la codicia y la ambición, y no cabe dudas que más temprano que tarde acabaras con grandes pérdidas o vaciando tu cuenta de Trading.
- *REVANCHA:* Los ánimos de revancha surgen por no aceptar nuestros propios resultados naturales en las operaciones. En el Trading se gana y se pierde naturalmente y nunca sabemos cuál será el orden de esos resultados por lo cual es erróneo al perder por ejemplo 5 operaciones seguidas usar un gran porcentaje de la cuenta con sed de revancha para recuperarnos de perdidas.
- *ANSIEDAD:* Esta emoción puede surgir de los mismos resultados cambiantes del Trading, ganar o perder son los dos resultados posibles por lo que debemos operar sin que estos nos afecten.

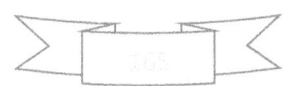

- **_ESPERANZA:_** El Trading no es ni debe ser considerado un juego de azar ya que implica múltiples factores para razonar en término de probabilidades y tomar mejores decisiones con mayor posibilidad de ganar.
- **_REMORDIMIENTOS:_** Lo mejor en el Trading es afirmarse una estrategia con esperanza matemática positiva comprobada y seguirla con firmeza, ya que no sirve de nada cambiar nuestra estrategia simplemente porque presentimos algo en lo que iba a fallar y fallamos, si nuestra estrategia fue comprobada un gran número de oportunidades debemos comprender que puede fallar pero en el largo plazo es una estrategia comprobada para ganar siguiéndola con firmeza.
- **_DESPECHO:_** Muchas personas tienen problemas personales que no pueden solucionar y entran al Trading por despecho simplemente con intención de ganar en una actividad en medio de las perdidas frecuentes de la vida cotidiana que no pueden solucionar.
- **_PERSEVERANCIA:_** Es importante entender que en el Trading se gana pero no es un camino sencillo, hay que mantenerse disciplinadamente en nuestra estrategia con esperanza matemática positiva y no deben afectarnos las rachas negativas de perdidas porque naturalmente nunca sabremos el orden de nuestros resultados de Trading.
- **_HUMILDAD:_** Es importante entender que no somos los mejores Traders cuando ganamos ni somos los peores Traders cuando perdemos, simplemente somos seres humanos que podemos ganar o perder haciendo Trading pero que sin lugar a dudas intentaremos hacer lo mejor posible y operar siempre razonando en termino de probabilidades.
- **_RABIA, PREOCUPACIÓN Y ANGUSTIA:_** Ante una racha negativa pueden surgir un sin número de emociones negativas por lo que es mejor tener un stop loss de perdidas efectivo y respetarlo siempre ya que seguir operando en presencia de emociones negativas puede llevarnos a salirnos de nuestro plan de Trading y operar guiándonos por nuestras emociones.
  Un Trader que opera afectado por emociones negativas es una garantía de fracaso asegurado.

EMOCIÓN: MIEDO
¿Por qué crees que te surge el miedo al hacer Trading?
¿En qué situaciones tienes miedo al hacer Trading?
¿Qué reglas implementarías en tu plan para controlar el miedo?

EMOCIÓN: CODICIA
¿Por qué crees que te surge la codicia al hacer Trading?
¿En qué situaciones sientes codicia al hacer Trading?
¿Qué reglas implementarías en tu plan para controlar la codicia?

EMOCIÓN: REVANCHA

¿Por qué crees que te surge la sed de revancha al hacer Trading?

¿En qué situaciones tienes sed de revancha al hacer Trading?

¿Qué reglas implementarías para controlar la sed de revancha?

EMOCIÓN: ANSIEDAD

¿Por qué crees que te surge la ansiedad al hacer Trading?

¿En qué situaciones tienes ansiedad al hacer Trading?

¿Qué reglas implementarías en tu plan para controlar la ansiedad?

EMOCIÓN: ESPERANZA

¿Por qué crees que te surge la esperanza al hacer Trading?

¿En qué situaciones sientes esperanza al hacer Trading?

¿Qué reglas implementarías en tu plan para controlar la esperanza?

EMOCIÓN: REMORDIMIENTOS

¿Por qué crees que te surgen remordimientos al hacer Trading?

¿En qué situaciones tienes remordimientos al hacer Trading?

¿Qué reglas implementarías para controlar los remordimientos?

EMOCIÓN: DESPECHO

¿Por qué crees que te surge el despecho al hacer Trading?

¿En qué situaciones sientes despecho al hacer Trading?

¿Qué reglas implementarías en tu plan para controlar el despecho?

EMOCIÓN: PERSEVERANCIA

¿Sientes perseverancia al hacer Trading?

¿En qué situaciones necesitas perseverancia al hacer Trading?

¿Qué reglas implementarías para aumentar la perseverancia?

EMOCIÓN: HUMILDAD

¿Tienes humildad al hacer Trading?

¿En qué situaciones te falta humildad al hacer Trading?

¿Qué reglas implementarías en tu plan para aumentar tu humildad?

EMOCIÓN: RABIA, PREOCUPACIÓN Y ANGUSTIA

¿Por qué crees que te surge la rabia, preocupación o angustia al hacer Trading?

¿En qué situaciones tienes rabia, preocupación y angustia al hacer Trading?

¿Qué reglas implementarías en tu plan para controlar la rabia, preocupación y angustia?

Consejos útiles para controlar las emociones:

- *Toma un descanso después de cada operación de Trading.*
- *Después de una mala operación despéjate y no dejes que las emociones negativas afecten tus futuras operaciones.*
- *Establece Stop de ganancias o de perdidas eficientes*
- *Tras tres operaciones consecutivas ganadas o perdidas detente. muchos Traders tras tres ganancias consecutivas toman una excesiva confianza creyendo ser los mejores del mundo mientras que otros Traders al tener tres perdidas consecutivas sufren emociones muy negativas para seguir operando. Que quede claro que una pequeña racha de operaciones ganadas o perdidas no nos convierte ni en los mejores ni en los peores.*
- *Opera sin mirar el saldo de tu cuenta, si tu estableces como límite de perdidas el 5% de tu cuenta simplemente deposita en tu cuenta ese 5% y opera procurando operar de la mejor manera posible sin estar pendiente de los resultados sino de hacerlo lo mejor posible.*
- *Opera con confianza en tu plan de Trading y tu estrategia, si un día no te sientes lo suficientemente confiado es mejor no operar y esperar otro momento mejor.*
- *Planifica tus posibles pérdidas y tómalas como un probable resultado dentro de tus operaciones de Trading, si pierdes sabrás que estaba dentro de lo planificado y aplica tu stop de perdidas sin dejar que te invadan las emociones negativas o la sed de revancha por no soportar las perdidas.*
- *Entrena tu disciplina tanto en los momentos en que ganas como en los momentos en que pierdes, debes aprender a controlar tus emociones en todo momento independientemente de los resultados que obtengas.*
- *Todos los Traders rentables pueden operar de mil maneras distintas pero sin lugar a dudas tienen un excelente control de sus emociones ya que la psicología del Trading es en principio un 75% o 80% del éxito, incluso en ocasiones más importante que las estrategias.*

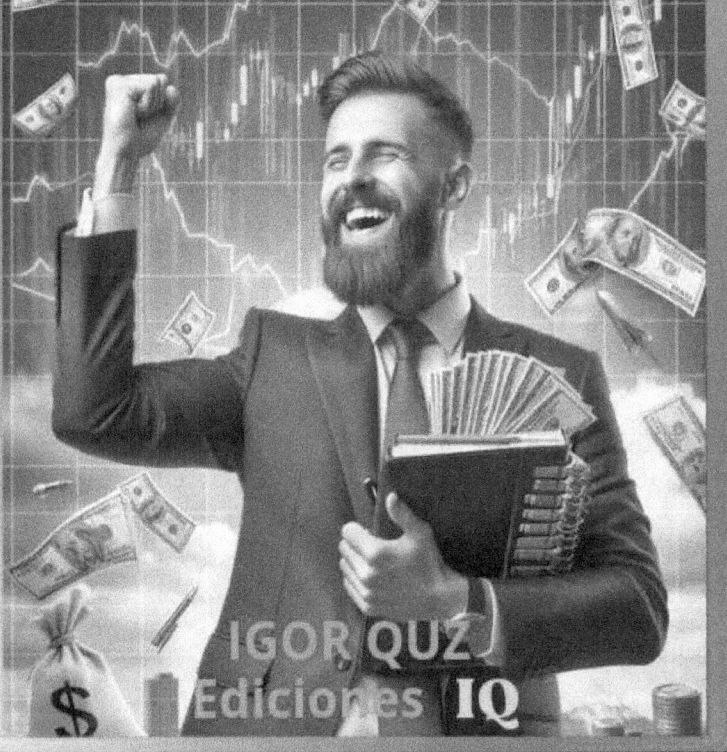

CAPÍTULO 9:

TESTEO Y TABLAS PARA LA EFECTIVIDAD DEL PLAN DE RETIRO DE BENEFICIOS

El retiro de beneficios es la forma de asegurarnos que el capital que ganamos es nuestro y no podremos perderlo haciendo Trading ya que el objetivo del retiro de beneficios es asegurar las ganancias y ver qué hacemos con ellas para protegerlas quizá invirtiéndolas en alguna otras opción más conservadora pero que al menos nos sirva para protegerla de la inflación del país donde vivamos.

En este capítulo analizaremos en detalle los distintos tipos de retiros de beneficios, como sirven para incrementar nuestra cuenta y ganancias por etapas.

REGLAS DE LOS RETIROS DE BENEFICIOS

- El dinero que se utiliza en el Trading no debe ser un capital que necesitemos para vivir ya que está expuesto a un escenario de incertidumbre y jamás sabremos con certeza como nos irá en el próximo día, semana o mes de Trading.
- Los retiros de beneficios deben concretarse solo al llegar a nuestra meta pautada.
- Si pautamos una meta y esta no fue alcanzada entonces no retiraremos beneficios ya que esto llevaría al vaciamiento exponencial de la cuenta no pudiendo crecer a futuro.
- Una clave para retiros efectivos es no retirar todos los beneficios obtenidos en un periodo, sino retirar una parte porcentual de los mismos y la otra parte destinarla a incrementar el capital de la cuenta para usar el interés compuesto a nuestro favor y hacer crecer la cuenta exponencialmente.

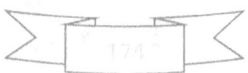

- Los retiros de beneficios deben pautarse por periodos de tiempo, metas porcentuales conseguidas y capital alcanzado ya que se debe tener muy presente que muchos retiros de poco capital pueden generar comisiones altas de nuestro bróker o entidad que utilicemos para el retiro, representando un gasto que reduce notoriamente nuestras ganancias, por lo cual al seleccionar un bróker se deben analizar formas de depósito y retiros disponibles y si estas funcionan para nuestro país o no a fin de determinar si es nuestra mejor alternativa o no.
- Una vez retirado el dinero procurar la reinversión en alguna alternativa más conservadora que al menos permita proteger dicho capital de la inflación.

PLAN DE RETIRO DE BENEFICIOS

Si tú tienes una cuenta pequeña tienes el problema de que los retiros de beneficios pueden verse afectados por las altas comisiones que representa retirar un monto muy pequeño dependiente del modo de retiro.

No tiene ningún sentido hacer un retiro de $30 dólares y de ellos gastar $20 en los costos por transferencia bancaria o usar otra alternativa que implique un alto porcentaje del capital que retiramos.

Para cuentas pequeñas debemos ver la alternativa que nos permita retirar con la menor comisión posible y que esta no represente más del 10% del capital retirado, porque estaríamos asumiendo un riesgo de pérdidas por comisiones realmente excesivo.

A medida que nuestra cuenta de Trading crezca y los retiros sean por montos mayores las comisiones serán mucho menores y más convenientes para la rentabilidad de nuestro trading.

Existen bróker con alternativas de comisiones fijas para cada retiro que pueden no ser la mejor alternativa con retiros pequeños pero que mejoran sustancialmente al crecer los montos de retiros.

REGLAS DE PLAN DE RETIROS

- Establecer el capital inicial al iniciar el plan
- Establecer metas a partir de las cuales podríamos hacer retiros de beneficios.
- El monto a retirar no debe tener una comisión mayor al 10% sobre el capital que queremos retirar de la cuenta.
- Tener en cuenta y analizar en detalle a partir de que monto retiramos dinero ya que en muchos países el fondeo de una cuenta de Trading representa el doble del valor del Euro o el Dólar con respecto a la moneda local y los retiros representan el valor real de estas monedas al ingresarlas como beneficios, pudiendo perder una buena parte del capital al retirar montos pequeños.
- La menor opción de costos de retiros en cuentas pequeñas con costos rondan los 5 o 6 dólares dependiendo el bróker por lo cual los retiros mínimos aconsejables deberían ser de 50 o 60 dólares, teniendo en cuenta que una parte de los beneficios debe usarse para incrementar el capital de la cuenta usando el interés compuesto, otra opción con costo muy bajo menor al 1% es retirar beneficios en bitcoins y luego vender los bitcoins desde la plataforma que utilizamos para conseguir su valor en efectivo.

CUADRO DE PLAN DE RETIROS DEL 80% DE BENEFICIOS

El capital inicial de este plan debe ser de $75 dólares como mínimo
La meta para realizar el primer retiro de beneficios es duplicar el capital de la cuenta (lograr un 100% de beneficios, unos $75), en este caso la meta para el primer retiro serían los $150 dólares.
Una vez que se llego a la meta del 100% de beneficios se calcula el 80% de los beneficios para retirar.   *En este caso los beneficios son $75 y el 80% serian 75 x 80 dividido 100 en este caso serían unos $ 60 dólares de retiro de beneficios*
El restante 20% de beneficios queda en la cuenta de trading por lo que el capital total son unos $150 - $60 de beneficios nos quedarían en la cuenta de trading unos $90 dólares para iniciar una nueva etapa.
Con el nuevo capital en cuenta se plantea el nuevo objetivo a lograr de +100% en este caso serían $90 dólares x 2 = $180 dólares para hacer el segundo retiro.
Logrando 12 retiros de dinero se consigue retirar $2374,78 dólares y dejar la cuenta de trading en 668,70 un incremento del +791%.   *Como vemos este plan permite retirar una buena cantidad e incrementando la cuenta exponencialmente usando solo $75 dólares de capital inicial.*
Con este plan de retiro de beneficios del 80% el capital inicial de la cuenta se logra incrementar un 100% tomando como referencia el valor inicial de $75 dólares en tan solo unos 4 meses.   *Considerando el mismo periodo de tiempo que se utiliza para doblar el capital de la cuenta se consiguen retirar un 428% del capital que se utilizo inicialmente, donde se usaron 75 dólares y se retiraron $321 en los 4 meses acumulados.*
Este plan de retiro de beneficios es ideal para el mediano plazo en periodos comprendidos entre 3, 4 y 5 años, es más conservador y tiende a cuidar los beneficios que se obtienen haciendo crecer poco a poco la cuenta.

RETIROS DE BENEFICIOS DEL 80% POR ETAPAS

ETAPA MES-AÑO	CAPITAL INICIAL	META OBJETIVO	RETIROS DEL 80%	CAPITAL EN CUENTA
1 __/__	75	150	60	90
2 __/__	90	180	72	108
3 __/__	108	216	86	129
4 __/__	129	259	103	155
5 __/__	155	311	123	186
6 __/__	186	373	148	223
7 __/__	223	447	177	268
8 __/__	268	537	213	321
9 __/__	321	644	256	385
10 __/__	385	773	307	463
11 __/__	463	928	369	555
12 __/__	555	1.114	442	666
13 __/__	666	1.337	531	800
14 __/__	800	1.604	637	960
15 __/__	960	1.925	765	1.152
16 __/__	1.152	2.311	918	1.382
17 __/__	1.382	2.773	1.102	1.658
18 __/__	1.658	3.327	1.322	1.990
19 __/__	1.990	3.992	1.586	2.388
20 __/__	2.388	4.790	1.904	2.866
21 __/__	2.866	5.749	2.248	3.439
22 __/__	3.439	6.898	2.741	4.127
23 __/__	4.127	8.278	3.290	4.953
24 __/__	4.953	9.934	3.948	5.942
25 __/__	5.942	11.921	4.737	7.130
26 __/__	7.130	14.305	5.685	8.556
27 __/__	8.556	17.166	6.822	10.267
28 __/__	10.267	20.599	8.186	12.321
29 __/__	12.321	24.719	9.824	14.785
30 __/__	14.785	26.663	11.789	17.742
31 __/__	17.742	35.596	14.146	21.291
32 __/__	21.291	42.715	16.976	25.549
33 __/__	25.549	51.259	20.371	30.659
34 __/__	30.659	61.510	24.445	36.790
TOTALES	36.790	100% X MES	146.329	36.790

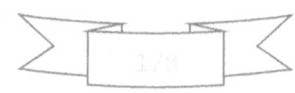

CUADRO DE PLAN DE RETIROS DEL 70% DE BENEFICIOS

El capital inicial de este plan debe ser de $86 dólares como mínimo
La meta para realizar el primer retiro de beneficios es duplicar el capital de la cuenta (lograr un 100% de beneficios, unos $86), en este caso la meta para el primer retiro serían los $172 dólares.
Una vez que se llego a la meta del 100% de beneficios se calcula el 70% de los beneficios para retirar. *En este caso los beneficios son $86 y el 70% serian 86 x 70 dividido 100 en este caso serían unos $ 60 dólares de retiro de beneficios*
El restante 30% de beneficios queda en la cuenta de trading por lo que el capital total son unos $172 - $60 de beneficios nos quedaría en la cuenta de trading unos $112 dólares para iniciar una nueva etapa.
Con el nuevo capital en cuenta se plantea el nuevo objetivo a lograr de +100% en este caso serían $112 dólares x 2 = $224 dólares para hacer el segundo retiro.
Logrando 12 retiros de dinero se consigue retirar 4359,37dólares *y dejar la cuenta de trading en $2003 un incremento del +2200%.* *Como vemos este plan permite retirar al final el doble de dinero que el plan de 80% de retiro de beneficios e incrementando la cuenta e exponencialmente tres veces más.*
Con este plan de retiro de beneficios del 70% el capital inicial de la cuenta se logra incrementar un 100% tomando como referencia el valor inicial de $86 dólares en tan solo unos 3 meses. *Considerando el mismo periodo de tiempo que se utiliza para doblar el capital de la cuenta se consiguen retirar un 277% del capital que se utilizo inicialmente, donde se usaron 86 dólares y se retiraron $239 en los 3 meses acumulados.*
Este plan de retiro de beneficios es ideal para el mediano plazo en periodos comprendidos entre 2 y 3 años, es conservador y tiende a cuidar los beneficios que se obtienen haciendo crecer a buen ritmo la cuenta de Trading.

RETIROS DE BENEFICIOS DEL 70% POR ETAPAS

ETAPA MES-AÑO	CAPITAL INICIAL	META OBJETIVO	RETIROS DEL 70%	CAPITAL EN CUENTA
1 __/__	86	172	60	112
2 __/__	112	224	78	146
3 __/__	146	292	101	189
4 __/__	189	378	131	246
5 __/__	246	492	171	319
6 __/__	319	639	223	415
7 __/__	415	831	290	540
8 __/__	540	1.081	377	702
9 __/__	702	1.405	490	913
10 __/__	913	1.827	637	1.186
11 __/__	1.186	2.375	829	1.542
12 __/__	1.542	3.088	1.077	2.005
13 __/__	2.005	4.014	1.401	2.607
14 __/__	2.607	5.218	1.821	3.389
15 __/__	3.389	6.784	2.367	4.405
16 __/__	4.405	8.819	3.078	5.727
17 __/__	5.727	11.465	4.001	7.445
18 __/__	7.445	14.905	5.202	9.679
19 __/__	9.679	19.376	6.763	12.583
20 __/__	12.583	25.190	8.792	16.358
21 __/__	16.358	32.747	11.429	21.266
22 __/__	21.266	42.571	14.858	27.645
23 __/__	27.645	55.342	19.316	35.939
24 __/__	35.939	71.945	25.111	46.721
25 __/__	46.721	93.528	32.644	60.738
26 __/__	60.738	121.587	42.438	78.959
27 __/__	78.959	158.063	55.169	102.647
28 __/__	102.647	205.482	71.720	133.441
TOTALES	133.441	100% X MES	313.514	133.441

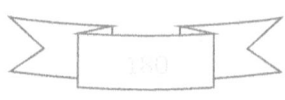

CUADRO DE PLAN DE RETIROS DEL 60% DE BENEFICIOS

El capital inicial de este plan debe ser de $100 dólares como mínimo
La meta para realizar el primer retiro de beneficios es duplicar el capital de la cuenta (lograr un 100% de beneficios, unos $100) en este caso la meta para el primer retiro serían los $200 dólares.
Una vez que se llego a la meta del 100% de beneficios se calcula el 60% de los beneficios para retirar. *En este caso los beneficios son $100 y el 60% serian 100 x 60 dividido 100 en este caso serían unos $ 60 dólares de retiro de beneficios*
El restante 40% de beneficios queda en la cuenta de trading por lo que el capital total son unos $200 - $60 de beneficios nos quedaría en la cuenta de trading unos $140 dólares para iniciar una nueva etapa.
Con el nuevo capital en cuenta se plantea el nuevo objetivo a lograr de +100% en este caso serían $140 dólares x 2 = $280 dólares para hacer el segundo retiro.
Logrando 12 retiros de dinero se consigue retirar 8353 dólares y dejar la cuenta de trading en $4049 un incremento del +8200%. Vemos que duplica el dinero retirado en el plan de retiros del 70% de beneficios e incrementa la cuenta porcentualmente casi cuatro veces más.
Con este plan de retiro de beneficios del 60% el capital inicial de la cuenta se logra incrementar un 100% tomando como referencia el valor inicial de $100 dólares en aproximadamente dos meses. *Considerando el mismo periodo de tiempo que se utiliza para doblar el capital de la cuenta se consiguen retirar un 144% del capital que se utilizo inicialmente, donde se usaron 100 dólares y se retiraron $144 en los 2 meses acumulados.*
Este plan de retiro de beneficios es ideal para el corto plazo en periodos comprendidos de 2 años, tiende retirar buena parte de los beneficios que se obtienen mensualmente y por otro lado aporta un buen porcentaje mensual para incrementar el valor de la cuenta de Trading.

RETIROS DE BENEFICIOS DEL 60% POR ETAPAS

ETAPA MES-AÑO	CAPITAL INICIAL	META OBJETIVO	RETIROS DEL 60%	CAPITAL EN CUENTA
1 __/__	100	200	60	140
2 __/__	140	280	84	196
3 __/__	196	392	117	274
4 __/__	274	548	164	384
5 __/__	384	768	230	537
6 __/__	537	1.075	322	752
7 __/__	752	1.505	451	1.054
8 __/__	1.054	2.108	631	1.475
9 __/__	1.475	2.951	883	2.066
10 __/__	2.066	4.132	1.237	2.892
11 __/__	2.892	5.785	1.732	4.049
12 __/__	4.049	8.099	2.425	5.669
13 __/__	5.669	11.338	3.395	7.837
14 __/__	7.837	15.874	4.754	11.112
15 __/__	11.112	22.223	6.655	15.556
16 __/__	15.556	31.113	9.318	21.779
17 __/__	21.779	43.558	13.045	30.491
18 __/__	30.491	60.981	18.263	42.087
19 __/__	42.687	85.374	25.568	59.763
20 __/__	59.763	119.523	35.796	83.663
21 __/__	83.668	167.332	50.115	117.135
22 __/__	117.135	234.265	70.161	163.989
TOTALES	163.989	100% X MES	245.406	163.989

CUADRO DE PLAN DE RETIROS DEL 50% DE BENEFICIOS

El capital inicial de este plan debe ser de $120 dólares como mínimo
La meta para realizar el primer retiro de beneficios es duplicar el capital de la cuenta (lograr un 100% de beneficios, unos $120) en este caso la meta serían los $240 dólares.
Una vez que se llego a la meta del 100% de beneficios se calcula el 50% de los beneficios para retirar.   *En este caso los beneficios son $120 y el 50% serian 120 x 50 dividido 100 en este caso serían unos $ 60 dólares de retiro de beneficios*
El restante 50% de beneficios queda en la cuenta de trading por lo que el capital total son unos $240 - $60 de beneficios nos quedaría en la cuenta de trading unos $180 dólares para iniciar una nueva etapa.
Con el nuevo capital en cuenta se plantea el nuevo objetivo a lograr de +100% en este caso serían $180 dólares x 2 = $360 dólares para hacer el segundo retiro.
Logrando 12 retiros de dinero se consigue retirar 16.049 dólares y dejar la cuenta de trading en $15.569 un incremento del +12874%.   *Vemos que a largo plazo el plan de retiros del 50% de beneficios es el que permite mayor incremento porcentual de la cuenta de trading y mayor cantidad de dinero retirado.*
Con este plan de retiro de beneficios del 50% el capital inicial de la cuenta se logra incrementar un 100% tomando como referencia el valor inicial de $120 dólares en tan solo un mes y medio aproximadamente. Considerando el mismo periodo de tiempo que se utiliza para doblar el capital de la cuenta se consiguen retirar un estimado del 100% del capital que se utilizo inicialmente, donde se usaron 120 dólares y el proporcional total a retirar en un mes serian aproximadamente 120 dólares, aunque considerando que los retiros son mensuales deberá esperarse hasta el cierre del mes para retirar dichos beneficios.
Este plan de retiro de beneficios es el más equilibrado de todos ya que permite incrementar la cuenta exponencialmente en menos tiempo y se pueden retirar buenos beneficios.

RETIROS DE BENEFICIOS DEL 50% POR ETAPAS

ETAPA MES-AÑO	CAPITAL INICIAL	META OBJETIVO	RETIROS DEL 50%	CAPITAL EN CUENTA
1 __/__	120	240	60	180
2 __/__	180	360	90	270
3 __/__	270	540	135	405
4 __/__	405	810	202	607
5 __/__	607	1.215	303	911
6 __/__	911	1.822	455	1.366
7 __/__	1.366	2.733	683	2.050
8 __/__	2.050	4.100	1.025	3.075
9 __/__	3.075	6.150	1.537	4.613
10 __/__	4.613	9.226	2.306	6.919
11 __/__	6.919	13.839	3.459	10.379
12 __/__	10.379	20.759	5.189	15.569
13 __/__	15.569	31.139	7.784	23.354
14 __/__	23.354	46.708	11.677	35.031
15 __/__	35.031	70.063	17.515	52.047
16 __/__	52.547	105.094	26.273	78.820
17 __/__	78.820	157.641	39.410	118.231
18 __/__	118.231	236.462	59.115	177.346
TOTALES	177.346	100% X MES	177.618	177.346

CONCLUSIONES FINALES:

- *El orden de los resultados de nuestras operaciones jamás lo sabremos porque el Trading es impredecible y se opera en un entorno de incertidumbre.*
- *Sin embargo podemos tener la certeza que si operamos con una estrategia en la cual demostramos que a largo plazo tiene esperanza matemática positiva sabemos firmemente que en el largo plazo usando una excelente gestión monetaria ganaremos.*
- *Lo importante es mantenerse firme en nuestra estrategia comprobada aunque no tenemos la certeza del orden de los resultados de nuestras operaciones, puede ser que un mes nos vaya mal y nuestra cuenta quede -30% de perdidas, sin embargo puede ser que otro mes obtengamos por ejemplo 150% de ganancias.*
- *Lo importante es el balance final de nuestros resultados a largo plazo por lo que debemos usar una excelente gestión monetaria.*

CAPÍTULO 10:

TESTEO DE EFECTIVIDAD DEL SEGUIMIENTO DEL PLAN DE TRADING CON EL DIARIO DE TRADING

El diario de Trading sirve para almacenar datos sumamente importantes de nuestro plan de Trading que si estos se usan adecuadamente tienen gran importancia para tener buenos resultados.
Entre los datos importantes que se almacenan tenemos:

- *Almanaque mensual día por día*
- *Sesiones de Trading día por día*
- *Resumen mensual día a día*
- *Resumen mensual*
- *Resumen anual*
- *Resultado anual*

ALMANAQUE MENSUAL DÍA POR DÍA

MARTES			MIERCOLES			JUEVES			VIERNES		
FECHA: 7-7-20			FECHA: 8-7-20			FECHA: 9-7-20			FECHA:10-7-20		
S	2		S	3		S	4	5	S	6	7	8
CI: 96			CI: 101			CI: 107.72			CI: 116.59		
META: 101			META: 106			META: 113			META: 122.41		
O	19 - 13		O	11 - 8		O	19 - 14		O	9 - 12	
G	E	P	G	E	P	G	E	P	G	E	P
EF: 59%			EF: 57%			EF: 60%			EF: 42%		
CIERRE: 101			CIERRE:107.72			CIERRE:116.59			CIERRE:111.92		
RES: +6.6%			RES: +6.6%			RES: +8.2%			RES: -4.5%		

FECHA / S: SESIÓN/ES DE TRADING DEL DÍA / CI: CAPITAL INICIAL / META: OBJETIVO DEL DIA / O: TOTAL OPERACIONES/ G: OPERACIONES GANADAS/ E: OPERACIONES EMPATADAS/ P: OPERACIONES PERDIDAS / EF: EFECTIVIDAD PORCENTUAL / CIERRE DEL DÍA / RES: RESULTADO PORCENTUAL DEL DÍA

El almanaque mensual día por día es un cuadro con la totalidad de días del mes con los mismos datos que se ven arriba.

¿Cómo pueden servirnos los datos del almanaque mensual?

El almanaque mensual día por día nos permite identificar rápidamente cuales son los resultados día por día de nuestra estrategia y plan de Trading con una amplia variedad de datos importantes:

- *La fecha y cantidad de sesiones del día nos permite identificar si en el día de trading tenemos mejores o peores resultados operando en una, dos o tres sesiones de Trading.*
- *El capital inicial y la meta relacionada con las veces que llegamos a cumplirlas en nuestro trading diario son un claro indicador de que nuestra es razonable o no, este dato debe calcularse sobre un gran número de días de trading. Lo importante de este dato es que el promedio final de nuestros beneficios en los días de trading es igual la meta diaria que tenemos propuesta. Por ejemplo si nuestra meta diaria es obtener un +3% y el promedio diario de ganancias diarias en nuestro plan da 3% estamos ante una meta razonable, si por el contrario nuestro promedio diario de beneficios fueran 2% estamos ante metas excesivas y debemos recalcularlas.*
- *La cantidad de operaciones diarias y el promedio de operaciones ganadoras sobre perdedoras nos sirve para calcular en promedio cual sería la diferencia aceptable de operaciones ganadas sobre perdidas para dejar de operar hasta el próximo día. Por ejemplo si tenemos un promedio diario de 6 operaciones más ganadas sobre las que perdemos sería coherente establecer una meta o stop de ganancias cuando llegamos a 6 operaciones ganadas sobre las que perdemos (12 ganadas 6 perdidas = +6 operaciones ganadas). Una vez que llegamos a nuestro promedio de diferencia es mejor dejar de operar hasta el próximo día.*
- *Es importante ir controlando la efectividad de nuestra estrategia y que esta se acerque en promedio al menos al porcentaje de efectividad que tiene nuestra estrategia (comprobada en backtesting), si nuestra estrategia tiene una efectividad del 60% y tenemos los últimos 30 días una efectividad del 45% sin lugar a dudas debemos ver si estamos*

operando bien con nuestra estrategia o estamos fallando en algunos puntos.

- **Los resultados promedio a mediano y largo plazo nos indican si nuestra estrategia está funcionando o no, si detectamos que no está funcionando unos días no debemos preocuparnos sino hacer el cálculo real de resultados a mediano plazo ya que es el que nos indicara realmente si está funcionando o no.**

TESTEO DE EFECTIVIDAD DEL USO DE DATOS DEL ALMANAQUE MENSUAL

¿Se pueden relacionar las fechas con algún suceso particular que afecte positiva o negativamente con nuestros resultados de Trading?
¿Con cuantas sesiones de Trading diarias tenemos mejores resultados?
¿Son nuestras metas de Trading razonables y cumplibles?
¿Cuál es el número de operaciones diarias con el que tenemos mejores resultados?
¿Qué diferencia de operaciones ganadas sobre perdidas nos es más sencillo conseguir diariamente?
¿Cuál es la efectividad promedio de nuestra estrategia para ganar?
¿Cuál es el resultado porcentual de ganancias que nos es más sencillo llegar diariamente?
¿Qué cambios haríamos sobre el uso del almanaque mensual?

SESIONES DE TRADING DÍA POR DÍA

MARTES 7 DE JULIO DE 2020						
SESIÓN N°	CAPITAL INICIAL	META	CIERRE	RES	HORA	PARES
2	96	101	101	+5.2%	9.53-10:29 AM	EUR-USD(D)
BEN	ESTRAT	TOTAL OP	GANADAS	EMPATADAS	PERDIDAS	EFECT
87%	+ - 1%	32	19	-	13	59%

Observaciones:
RES: RESULTADO PORCENTUAL / BEN: BENEFICIO DEL INSTRMENTO / ESTRAT: ESTRATEGIA / TOTAL OP: TOTAL DE OPERACIONES/EFECT: EFECTIVIDAD

Las sesiones de trading día por día nos brindan información detallada de nuestras sesiones de trading.

¿Cómo pueden servirnos los datos de las sesiones de Trading día por día?

Los datos de las sesiones de trading día por día nos brindan información relevante sobre lo que nos puede dar resultados positivos o negativos en nuestras sesiones de Trading:

- *El horario y nuestra efectividad en el trading nos puede indicar en qué hora del día nos conviene operar.*
- *El tipo de instrumento financiero y el horario nos puede indicar con cuales y en qué momentos tenemos mejores resultados.*
- *Los beneficios del instrumento financiero nos puede indicar con que porcentajes obtenemos mejores resultados.*
- *La estrategia utilizada relacionada con los horarios, activos, beneficios y resultados puede servir para ver qué estrategia es conveniente bajo determinadas circunstancias.*
- *La relación de todos los datos de la sesión nos puede servir para determinar horas que nos conviene operar, instrumentos a utilizar, con qué beneficios probables operar, que estrategia operativa y de gestión monetaria que nos conviene utilizar y cuantas operaciones son convenientes en cada sesión de Trading.*

TESTEO DE EFECTIVIDAD DEL USO DE DATOS DE LAS SESIONES DE TRADING DÍA POR DÍA

¿Se ajusta la cantidad de sesiones a la ley de los grandes números?
¿Son nuestras metas porcentuales por sesión razonables y cumplible la mayoría de las veces?
¿En qué horarios tenemos mayor efectividad?
¿Con que instrumentos financieros tenemos mejores resultados?
¿Con que beneficios porcentuales tenemos mejores resultados?
¿Qué estrategias operativas nos dan mejores resultados?
¿Qué estrategias de gestión de capital nos dan mejores resultados?
¿Qué estrategias funcionan mejor según los horarios y activos financieros que operemos?
¿Con que cantidad de operaciones por sesión tenemos mejores resultados?
¿Qué diferencia de operaciones ganadas sobre perdidas nos es más sencillo conseguir por sesión de Trading?
¿Qué ganancias porcentuales nos es más sencillo conseguir por sesión?
¿Con que efectividad porcentual nos es más sencillo ganar?
¿Son nuestras observaciones relevantes a los resultados de Trading?

RESUMEN MENSUAL DÍA POR DÍA

06-07-2020	07-07-2020	08-07-2020	09-07-2020	10-07-2020
CI:91	CI:96	CI: 101	CI:107.72	CI:116.59
CIERRE: 96.00	CIERRE: 101	CIERRE: 107.72	CIERRE: 116.59	CIERRE: 111.92
RES:+5.4%	RES: +5.2%	RES: +6.6%	RES: +8.2%	RES: -4.5%
G19 /P11	G19 /P13	G11 /P8	G19 /P14	G /P

FECHA/ CI: CAPITAL INICIAL DIARIO/ CIERRE: CAPITAL TOTAL AL
FINALIZAR EL DÍA/ RES: RESUTADO PORCENTUAL DEL DÍA / G: TOTAL DE
OPERACIONES GANADAS / P: TOTAL DE OPERACIONES PERDIDAS

El cuadro de resumen mensual día por día tiene todos los datos más importantes de resultados finales de cada día de trading.

¿Cómo puede servirnos el cuadro resumen día por día en nuestro plan de Trading?

El resumen día por día nos permite ver rápidamente en una sola foto o golpe de vista como está funcionando nuestro plan de trading y si es necesario hacer ajustes o no.

- *Es importante destacar que observar el resumen mensual nos puede servir siempre y cuando tengamos en cuenta la ley de los grandes números, si solo tenemos los datos de unas 200, 300 o 500 operaciones divididas en los días del mes no van a ajustarse a la realidad de nuestra estrategia. Un numero razonable de operaciones expresadas en nuestro resumen mensual deben ser como mínimo 2000 operaciones, cuanto más grande sea el número más se va a ajustar a la realidad de nuestro plan y estrategia de Trading.*
- *En un solo golpe de vista podemos visualizar si los resultados diarios de todo el mes en promedio se ajustan a nuestras metas diarias.*
- *También podemos observar en un solo golpe de vista que diferencia entre operaciones ganadoras y perdedoras tenemos diariamente.*
- *Si vemos que la efectividad promedio o la diferencia promedio entre operaciones y perdedoras en un número importante de operaciones no es la adecuada debemos dejar de operar en real y buscar una estrategia rentable en backtesting.*

TESTEO DE EFECTIVIDAD DEL USO DE DATOS DEL RESUMEN MENSUAL DÍA POR DÍA

¿Se pueden relacionar la fecha con algún suceso particular que afecte positiva o negativamente con nuestros resultados de Trading?
¿Con cuantas sesiones de Trading diarias tenemos mejores resultados?
¿Son nuestras metas de Trading razonables y cumplibles?
¿Cuál es el número de operaciones diarias con el que tenemos mejores resultados?
¿Qué diferencia de operaciones ganadas sobre perdidas nos es más sencillo conseguir diariamente?
¿Cuál es la efectividad promedio de nuestra estrategia para ganar?
¿Cuál es el resultado porcentual de ganancias que nos es más sencillo llegar diariamente?
¿Qué cambios haríamos sobre el uso del resumen mensual día por día?
Si hacemos una estadística diaria ¿Ganamos más de lo que perdemos o perdemos más de lo que ganamos?

RESUMEN MENSUAL

CAPITAL INICIAL	CIERRE	RESULTADO	RETIRO MENSUAL	TOTAL OPER	OPER GAN	OPER PERD	EFECT MENSUAL
91 DÓLARES	135 DÓLARES	+48%	21 DÓLARES	1714	943	771	55.01%

El cuadro resumen mensual es un complemento del cuadro resumen mensual día por día que tiene en detalle la información de todo el mes.

¿Cómo puede ayudarnos en nuestro plan de trading el cuadro resumen mensual?

- *Permite verificar con solo cuatro datos la efectividad de nuestro plan de trading.*
- *El total de operaciones nos indica si se puede confiar en los datos que nos arroja ese mes acerca de nuestro plan de trading, si se registran al menos 2000 operaciones en el mes el dato se acercara bastante a los resultados reales de nuestra estrategia y plan de Trading.*
- *El resultado de cierre y resultado porcentual del mes combinado con un gran número de operaciones nos da el dato bastante fiable de la efectividad o no de nuestro plan de Trading.*
- *La efectividad de nuestra estrategia combinado con un total de muchas operaciones nos da la fiabilidad de la esperanza matemática positiva de nuestra estrategia*

TESTEO DE EFECTIVIDAD DEL USO DE DATOS DEL RESUMEN MENSUAL

¿Se pueden relacionar alguna situación particular del mes en curso que afecte positiva o negativamente nuestros resultados de Trading?
¿Con cuantas sesiones de Trading mensuales tenemos mejores resultados?
¿Son nuestras metas de Trading mensuales razonables y cumplibles?
¿Cuál es el número de operaciones mensuales con el que tenemos mejores resultados?
¿Qué diferencia de operaciones ganadas sobre perdidas nos es más sencillo conseguir mensualmente?
¿Cuál es la efectividad promedio de nuestra estrategia para ganar mensualmente?
¿Cuál es el resultado porcentual de ganancias que nos es más sencillo llegar mensualmente?
¿Qué cambios haríamos sobre el uso de datos del resumen mensual?
Si hacemos una estadística mensual ¿Ganamos más de lo que perdemos o perdemos más de lo que ganamos?

RESUMEN ANUAL

MES	CAPITAL INICIAL	CIERRE	RES %	OPER GANADAS	OPER PERDIDAS
JULIO	91	135	+48%	943	771
AGOS	135	167	+23%	1020	860
SEP	167	198	+18%	972	828
OCT	198	256	+29%	1035	865
NOV	256	310	+21%	920	780
DIC	310	371	+19%	1080	920
ENERO	371	450	+21%	1001	849
FEB	450	559	+24%	912	768
MAR	559	540	-4%	1060	940
ABRIL	540	678	+25%	1032	868
MAYO	678	870	+28%	1040	870
JUNIO	870	1089	+25%	1000	840

MES EN CURSO / CAPITAL INICIAL AL COMIENZO DEL MES/ CIERRE DE CAPITAL AL TERMINAR EL MES/ RES: RESULTADO PORCENTUAL MENSUAL/ OPER GANADAS: TOTAL OPERACIONES GANADAS DEL MES/ OPER PERDIDAS: TOTAL OPERACIONES PERDIDAS DEL MES

El resumen anual tiene datos muy certeros de la efectividad de nuestro plan de Trading y si este es rentable o no.

RESULTADO ANUAL

PERIODO EN FECHAS	JULIO 2020 – JUNIO 2021
CAPITAL INICIAL	91
CAPITAL DE CIERRE	1089
RESULTADO PORCENTUAL	+1196%
TOTAL DE OPERACIONES	22.074
OPERACIONES GANADAS	12.015
OPERACIONES EMPATADAS	37
OPERACIONES PERDIDAS	10.059
EFECTIVIDAD PORCENTUAL	54.43%

El cuadro de resultado anual es un complemento del resumen anual con información detallada y total de nuestra estrategia y plan de trading.

¿Cómo puede servirnos el resumen anual y resultado anual en nuestro plan de trading?

- *Un cuadro resumen anual como el de arriba con los datos de 12 meses y más de 20.000 operaciones totales se ajusta totalmente a los resultados reales de nuestra estrategia y plan de trading.*
- *Si operamos una estrategia y plan con los datos como los que tenemos arriba con estricta disciplina y gestión monetaria óptima la rentabilidad está garantizada y solo es cuestión de continuar con el mismo plan y por ahí solo identificar e ir mejorando aquellos aspectos que nos pueden llegar a generar perdidas.*
- *Para mejorar los aspectos en los que tenemos debilidades quizá debamos analizar las sesiones en las que tuvimos malos resultados, causas de nuestras pérdidas, errores operativos u observaciones a fin de plantear mejoras a nuestra estrategia y plan de Trading.*
- *Para esto es fundamental usar un diario de Trading*

TESTEO DE EFECTIVIDAD DEL USO DE DATOS DEL RESUMEN ANUAL

¿Se pueden relacionar alguna situación particular del año en curso que afecte positiva o negativamente nuestros resultados de Trading?
¿Con cuantas sesiones de Trading anuales tenemos mejores resultados?
¿Son nuestras metas de Trading anuales razonables y cumplibles?
¿Cuál es el número de operaciones anuales con el que tenemos mejores resultados?
¿Qué diferencia de operaciones ganadas sobre perdidas nos es más sencillo conseguir anualmente?
¿Cuál es la efectividad promedio de nuestra estrategia para ganar anualmente?
¿Cuál es el resultado porcentual de ganancias que nos es más sencillo llegar anualmente?
¿Qué cambios haríamos sobre el uso de datos del resumen anual?
Si hacemos una estadística anual ¿Ganamos más de lo que perdemos o perdemos más de lo que ganamos?

CAPÍTULO 11

TESTEO EFECTIVIDAD EN EL DISEÑO DEL PLAN DE TRADING

MODELO PARA DISEÑAR PLAN DE TRADING

FUNDAMENTOS DEL PLAN DE TRADING
•
•
•
•
•
•
•
•
•
METAS DIARIAS:
STOP LOSS DIARIO:
STOP WIN DIARIO:
METAS SEMANALES:
STOP LOSS SEMANAL:
STOP WIN SEMANAL:
METAS MENSUALES:
STOP LOSS MENSUAL:
STOP WIN MENSUAL:
METAS ANUALES
• META 1:
• META 2:
• META 3:
• META 4:

ESTRATEGIAS OPERATIVAS

- **ESTRATEGIA 1:**

- **ESTRATEGIA 2:**

- **ESTRATEGIA 3:**

- **ESTRATEGIA 4:**

ESTRATEGIAS DE GESTIÓN DEL CAPITAL EN LA SESIÓN

- **ESTRATEGIA 1:**

- **ESTRATEGIA 2:**

- **ESTRATEGIA 3:**

- **ESTRATEGIA 4:**

- **ESTRATEGIA 5:**

- **ESTRATEGIA 6:**

- **ESTRATEGIA 7:**

- **ESTRATEGIA 8:**

- **ESTRATEGIA 9:**

- **ESTRATEGIA 10:**

REGLAS DE LA SESIÓN DE TRADING

- **REGLA 1:**

- **REGLA 2:**

- **REGLA 3:**

- **REGLA 4:**

- **REGLA 5:**

- **REGLA 6:**

- **REGLA 7:**

- **REGLA8:**

REGLAS DEL PLAN DE TRADING

- **REGLA 1:**

- **REGLA 2:**

- **REGLA 3:**

- **REGLA 4:**

- **REGLA 5:**

- **REGLA 6:**

- **REGLA 7:**

- **REGLA 8:**

PLAN DE GESTIÓN MONETARIA

PLAN DE GESTIÓN DE RIESGOS

PLAN DE GESTIÓN PSICOLOGICA

PLAN DE RETIRO DE BENEFICIOS

DIARIO DE TRADING

TEST DE EFECTIVIDAD DE NUESTRO PLAN DE TRADING

¿Son razonables los fundamentos de nuestro plan de trading?

¿Qué cambios implementarías en los fundamentos de tu plan de Trading?

¿Son cumplibles y razonables las metas diarias?

¿Qué posibles cambios aplicarías a las metas diarias?

¿Son efectivos los Stop win diario?

¿Qué posibles cambios aplicarías a los Stop win diarios?

¿Son efectivos los Stop loss diarios?

¿Qué posibles cambios aplicarías a los stop loss diarios?

¿Son cumplibles y razonables las metas semanales?

¿Qué posibles cambios aplicarías a las metas semanales?

¿Son efectivos los Stop win semanales?

¿Qué posibles cambios aplicarías a los Stop win diarios?

¿Son efectivos los Stop loss semanales?

¿Qué posibles cambios aplicarías a los Stop loss semanales?

¿Son cumplibles y razonables las metas mensuales?

¿Qué posibles cambios aplicarías a las metas mensuales?

¿Son efectivos los Stop win mensuales?

¿Qué posibles cambios aplicarías a los Stop win mensuales?

¿Son efectivos los Stop loss mensuales?

¿Qué posibles cambios aplicarías a los Stop loss mensuales?

¿Son efectivas las estrategias operativas del plan?

¿Qué posibles cambios harias a las estrategias operativas?

¿Son efectivas las estrategias de gestión del capital en la sesión?

*¿Qué posibles cambios implementarías
en las estrategias de gestión del capital en la sesión?*

¿Son efectivas las reglas de la sesión de trading?

¿Qué cambios implementarías a las reglas de la sesión de trading?

¿Son efectivas las reglas del plan de trading?

¿Qué cambios implementarías a las reglas del plan de trading?

¿Es efectivo el plan de gestión monetaria?

¿Qué cambios implementarías al plan de gestión monetaria?

¿Es efectivo el plan de gestión de riesgos?

¿Qué cambios implementarías al plan de gestión de riesgos?

¿Es efectivo el plan de gestión psicológica?

¿Qué cambios implementarías al plan de gestión psicológica?

¿Es efectivo el plan de retiro de beneficios?

¿Qué cambios aplicarías al plan de retiro de beneficios?

¿Es efectivo el registro del trading en un diario?

¿Qué cambios aplicarías al registro de tus operaciones?

CURSO IQ TRADING
MÓDULO 3
OPCIONES BINARIAS MAESTRAS

**DESCUBRE LAS 18 ESTRATEGIAS
PROBABILISTICAS PARA
TRIUNFAR EN EL TRADING**

Optimiza tus inversiones y multiplica tus beneficios:

estrategias comprobadas que transformarán tu éxito

en opciones binarias

IGOR QUZ
Ediciones IQ

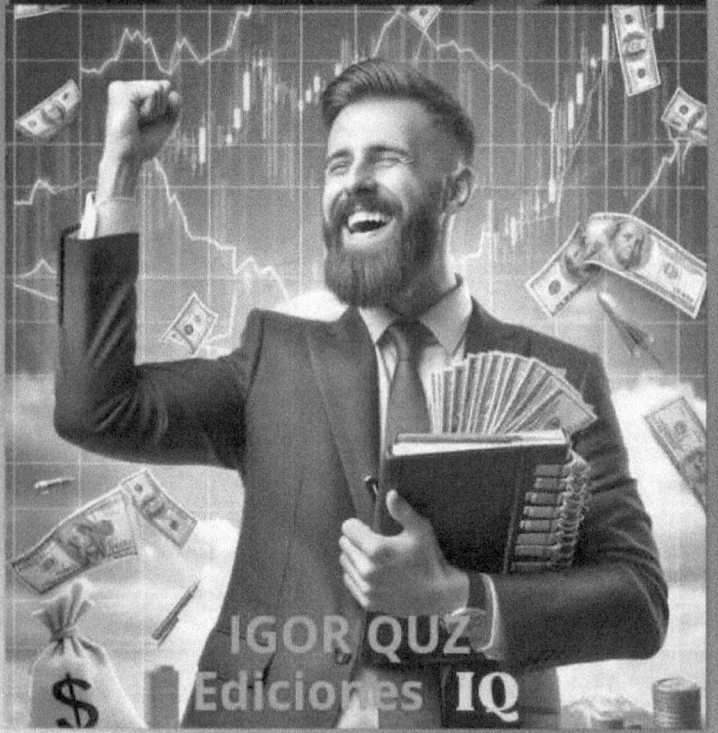

CURSO IQ TRADING
MÓDULO 4

¿CÓMO DISEÑAR UN PLAN DE TRADING RENTABLE?

GUÍA COMPLETA PASO A PASO
PARA LOGRAR EL EXITO
DEFINITIVO

IGOR QUZ

Ediciones **IQ**

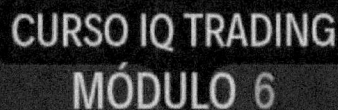

CURSO IQ TRADING
MÓDULO 6

DIARIO IQ TRADING TOTAL

REGISTRA, MEJORA, GANA MÁS Y ALCANZA LA RENTABILIDAD CON TU PROPIO DIARIO DE TRADING

IGOR QUZ

Saludos y te deseo un excelente trading
Hasta el próximo lanzamiento editorial

Igor Quz

edicionesiq@gmail.com